El
Ministerio

Descubriendo y desarrollando

los dones en ti

Joseph Anthony Andino

JOABY
BOOKS
A division of Joaby Ministries

© 2019 por Joseph Anthony Andino

Todos los derechos reservados

El Ministerio

Descubriendo y desarrollando los dones

Ninguna parte de esta publicación podrá ser reproducida, procesada en algún sistema que la puede reproducir, o transmitida en alguna forma o por algún medio electrónico, mecánico, fotocopia, cinta magnetofónica u otro proceso, excepto para breves citas en reseñas, sin el permiso previo del Rev. Dr. Joseph Anthony Andino.

Todos los pasajes bíblicos en este libro están tomados de la traducción Reina Valera 1960 a menos que se le indique a lo contrario.

Impreso en los Estados Unidos

Traducido al español por: Abigail Andino
Editado por: Madeline Pereira
Portada por: Marc McBride

ISBN # 978-1-7338857-37

Joaby Books, a division of Joaby Ministries

Contenido

Introducción i

    Como usar este recurso ii

    Reglamentos de la Academia v

    Proyectos del discípulo vi

Llamados para Servir 2

    Recordando lo Básico 3

    Un Siervo conoce y abraza la visión de su líder 6

    Un Siervo trabaja junto con su líder 8

    Un Siervo colabora con la misión del líder 9

La Iglesia de Jesucristo 11

    Conceptos Básicos 12

    El cuerpo de Cristo 12

    La novia de Cristo 13

    El templo de Dios 15

Edificando la Iglesia 18

    Admisión 19

- Revelación 20
- Impartición 22
- El Ministerio de la Iglesia 25
  - Cinco ministerios fundamentales 26
  - Alabanza cultural 27
  - Un espíritu excelente 28
  - La adoración Cristo-Céntrica 29
  - Evangelismo 31
  - Misiones 32
  - Discipulado 34
  - Compañerismo 35
- La Iglesia y el Reino de Dios 37
  - Principios Básicos sobre el Reino de Dios 38
  - Administradores del Reino 40
  - Talentos 42
  - Expandiendo el Reino 43
  - Nuestro trabajo será juzgado 45
- Los Dones de Dios 50
  - El don mayor 51

La Pasión 53

Los dones son irrevocables 54

Los dones deben ser probados 56

Los Dones Espirituales 59

Los Dones del Espíritu 60

Palabra de Sabiduría 60

Palabra de Ciencia 61

Don de Fe 62

Don de Sanidad 63

Don de Milagros 65

Don de Profecía 66

Don de Discernimiento 67

Don de Lenguas 68

Don de Interpretación de Lenguas 69

Dones Serviciales 71

Ministerios de servicio 72

El Administrador 73

El Exhortador 74

El Ayudador 75

El Confortador 76

El Dador 77

Dones Ministeriales 79

Cinco dones Ministeriales 81

APOSTOL 82

PROFETA 85

EVANGELISTA 86

PASTOR 87

MAESTRO 89

Descubriendo y Desarrollando tus dones 91

¿Cómo identificar y desarrollar tus dones? 92

Analizar tus gustos 93

Someterse al proceso 94

Confirma a través de la iglesia 95

Como iniciar una Academia de Discipulado en su iglesia 98

El currículo 98

El director de la Academia 99

El asistente al director 100

El secretario/tesorero 100

Los maestros/mentores 101

Reglamentos de la Academia 101

Proyectos del discípulo 103

El Pacto del Discípulo 104

Tarjeta del Nuevo Creyente... 106

Reporte de Seguimiento 107

Reporte Mensual de la Academia.. 108

Autoexámenes 109

Bibliografía.. 125

Recursos de la Academia 127

Dedicatoria

Quiero dedicar esta obra literaria a todos los maestros/mentores de la Academia de Discipulado de la Catedral Nuevos Comienzos, en Passaic New Jersey. Gracias por sus esfuerzos y la dedicación que muestran apoyando a los nuevos creyentes en su desarrollo espiritual. Es un gozo ministrar contigo y ver como las almas van creciendo en la gracia y conocimiento de nuestro Señor Jesucristo. Que la bendición de nuestro Señor abunde en sus vidas siempre.

Pastor Bryan Martínez

Juan y Scarlett Busque

Luis y Lissette Reyes

Carlos y Edith Méndez

Noel y Mabel González

Javier y Adela Huerta

Giovani y Nancy Villalona

Apolonio y Evelyn Sosa

Miguel y Cruz Rosario

José Montalvo

Bernardo Ruiz

Martha Ventura

Maritza Chalas

De igual manera quiero agradecer a la directora de nuestra Academia de Discipulado, Migdalia Hernández Sánchez, y su equipo de liderazgo, por su arduo trabajo, corazón de servicio, y dedicación a la excelencia. Podemos atribuir el éxito de nuestra Academia a su ministerio de liderazgo y su pasión por las almas. Ciertamente, habrá una corona en el cielo que refleja sus esfuerzos.

Por fin, quiero dar gracias a Dios por mi esposa, la pastora Abigail Andino, por ser mi ayuda idónea por los últimos 25 años. Comenzamos nuestra jornada de discipulado eclesiástica en el estado de Kentucky, donde duramos ocho años en aquella obra y vimos la mano de Dios formar y bendecir a muchas personas. Ahora, por más de diez años, estamos haciendo discípulos en la cuidad de Passaic New Jersey, y ha sido una bendición extraordinaria. Solo Dios sabe lo que nos espera en el futuro; pero una cosa si se, y es que juntos, continuaremos haciendo discípulos para la honra y gloria de aquel que nos llamó. Te amo.

Introducción

Si está leyendo este libro debe ser porque recientemente se ha convertido en un seguidor de Jesucristo; o puede ser que, como cristiano, aún no ha tenido la oportunidad de estudiar un curso de discipulado. En ambos casos, déjeme decirle que ha tomado la decisión correcta. Si eres un creyente nuevo, este libro le guiará en sus primeros pasos como discípulo de Jesús. Es importante que todo cristiano conozca, entienda y sepa quién le ha salvado, por qué (o para qué) ha sido salvo, de qué ha sido salvado y de cómo compartir su experiencia de salvación y su fe, además de otros principios básicos y prácticos que enseña la biblia. Este conocimiento, bien aprendido, será el fundamento sólido que servirá como la base sobre la cual construir una vida cristiana saludable, consistente y estable. Si estás leyendo el libro porque nunca has tenido la oportunidad de estudiar un curso de discipulado, este libro le ayudara a recordar lo básico de la fe cristiana y las herramientas para entrenar a otros en el desarrollo de su fe.

El ministerio de discipulado ha sido esencial y fundamental en la iglesia desde su nacimiento. Después de la crucifixión de Jesús, y antes de su ascensión a la diestra del Padre, Jesús comunico unas instrucciones importantes a sus discípulos con el fin de motivarles a continuar el ministerio que él había iniciado; *"id, y haced discípulos a todas las naciones, bautizándolos en el nombre del Padre, y del Hijo, y del Espíritu Santo; enseñándoles que guarden todas las cosas que os he mandado; y he aquí yo estoy con vosotros todos los días, hasta el fin del mundo"* (Mateo 28:19, 20). Por más de tres años, Jesús ministro a las necesidades espirituales y físicas de su comunidad

compartiendo el amor y poder de Dios y mostrando que una nueva época en la historia de la raza humana había empezado. Jesús entrego los detalles e instrucciones de este nuevo pacto a sus discípulos, con la fe y esperanza de que ellos iban a hacer lo mismo. Dos mil años después, hay más de mil millones de discípulos de Jesús siguiendo el legado ministerial del Maestro. Preparé esta obra literaria para ayudar a todos los creyentes que desean ser colaboradores con Jesús en la expansión de su reino y la edificación de su iglesia a través de la tradición cristiana del ministerio de discipulado.

Como usar este recurso

La Academia de Discipulado fue creada para entrenar a los nuevos creyentes en el conocimiento básico de la fe cristiana. Por la gran pasión que nos mueve, y por el sincero deseo de cumplir la gran misión de Jesús, al cual comúnmente nos referimos como "La Gran Comisión" (Mateo 28:18-20; Marcos 16:15-20), he creado este currículo que se enfoca en cinco principios básicos del discipulado, practicados por Jesús, con el propósito de alcanzar la meta de hacer discípulos de todas las naciones. Estos cinco principios son: *demostración* – Jesús fue un ejemplo perfecto de liderazgo; *invitación* – Jesús invito a sus discípulos a seguirle; *conexión* – Jesús cuido a sus seguidores con amor; *educación* – Jesús equipo a sus discípulos para lo obra del ministerio; y *comisión* – Jesús envió a sus discípulos a ser colaboradores en su reino. He tomado estos principios para crear cinco niveles de entrenamiento para el desarrollo integral del creyente. Estos niveles de entrenamiento son:

(1) La escuela de adorares; (2) La escuela de evangelismo; (3) La escuela de mentoría; (4) La escuela del ministerio; y (5) La escuela de líderes.

El enfoque del primer nivel de la academia, la escuela de adoradores, es enseñar al creyente como desarrollar una vida espiritual íntima con Jesucristo. Logramos esto enseñando al alumno lo que significa ser un discípulo de Jesús con el privilegio que tenemos de desarrollar una vida de oración, lectura bíblica y la adoración de su santo y bendito nombre. Una gran parte de este nivel se concentra en instruir al alumno sobre la naturaleza de la salvación que Dios nos ha dado. Cuando el discípulo concluye la escuela de adoradores, estará listo para ser bautizado en agua y entenderá lo que significa adorar a Dios en espíritu y verdad.

La escuela de evangelismo es el segundo nivel de entrenamiento en la academia y se enfoca en enseñar al creyente cómo compartir el evangelio de Jesucristo con otros. En el primer nivel, el discípulo aprende como acercarse a Jesús y los fundamentos que lo mantendrá en un desarrollo espiritual saludable, en este nivel, aprenderá como traer otros a Jesús. Para capacitar el discípulo como ganador de almas perdidas, el alumno debe entender que cada creyente tiene el llamado de evangelizar a otros. Con este fin será equipado para comprender y compartir el mensaje del evangelio de Jesucristo con las personas que están a su alcance. También entenderá la necesidad de ser un testigo fructífero que comunica el mensaje del evangelio con poder de lo alto. Cuando cumple con los requisitos de este nivel, tendrá las herramientas necesarias de ser un testigo fiel.

En el tercer nivel de entrenamiento, la escuela de mentoría, el creyente es orientado en cómo cuidar y afirmar las personas que él o ella ha ganado para Cristo. Aquí ellos aprenderán sobre el mandamiento más importante en toda la biblia, que es el de amar a Dios con todo el corazón, alma y mente y a su próximo como a sí mismo. Aprenderá los principios de una paternidad espiritual saludable, la importancia de mantener relaciones sanas con los miembros de nuestra comunidad de fe, y las maneras en que los creyentes se van desarrollando espiritualmente. Con el cumplimiento de estos tres niveles de capacitación espiritual, los alumnos estarán capacitados para aprender como sus dones deben funcionar dentro de la iglesia local.

La escuela del ministerio es el penúltimo nivel de entrenamiento de la academia y en ella el discípulo será orientado en como descubrir y desarrollar los dones que Dios les ha dado. En este nivel el alumno aprenderá los principios básicos de la naturaleza de la iglesia de Jesucristo y el gran privilegio que Dios nos ha dado de servir en ella. Para servir en la iglesia con excelencia, el discípulo aprenderá como identificar los dones funcionales que Dios le ha dado y la importancia de perfeccionar esos dones para el servicio maravilloso del rey de reyes. También entenderá la diferencia entre los dones espirituales, administrativos y ministeriales. Esto capacitara al creyente a funcionar dentro del reino de nuestro Señor, a través de la iglesia local, en una manera apasionada y ordenada.

El último nivel de la Academia de Discipulado es la escuela de líderes. Aquí enseñamos al creyente a cómo ser un líder en su hogar, en la iglesia y en su comunidad. Mientras el discípulo va creciendo en la gracia y en el conocimiento de Jesucristo, debe entender que su vida puede ser de una influencia positiva para los que están en su círculo de influencia. A esta altura, el cristiano estudiará los principios de liderazgo tomados de la vida de Jesús con el fin de ser empoderado a practicar los mismos principios en su vida cotidiana. Durante los cinco niveles de la academia de discipulado, estoy confiado de que el discípulo experimentará un crecimiento extraordinario bajo la supervisión de su maestro/mentor; y al completar el curso, estará listo para ser colaborador en la expansión del reino de nuestro señor, trabajando arduamente en su iglesia local.

Reglamentos de la Academia

Cada lección de estudio de la Academia de Discipulado contiene información práctica y pasajes bíblicos para la edificación del creyente. La mayoría de las lecciones en cada nivel pueden ser ministradas por el maestro/mentor, a sus discípulos, en una hora de clase. Las lecciones que son más extensos deben ser divididos en dos clases (ninguna lección debe ser dividido en tres clases). Si siguen este modelo, el alumno podrá completar la academia en un año y medio. Los reglamentos que siguen deben ser considerados por cada maestro/mentor:

Todo estudiante de la Academia debe completar los cinco niveles de discipulado para poderse graduar.

Todo estudiante debe cumplir con los proyectos de discipulado de cada módulo antes de ser promovidos al próximo nivel (véase a *los proyectos del discípulo*).

Todo estudiante debe completar un mínimo de ocho lecciones en cada nivel para ser promovidos al próximo nivel.

Todo estudiante debe venir completamente preparado a la clase para el estudio (con la Biblia, el libro de texto o el cuaderno, y una libreta de apuntes).

Para los alumnos que están estudiando algún nivel por su cuenta (sin un maestro) y desean recibir de nuestras oficinas un certificado de nuestro ministerio, deberán tomar un examen escrito (provisto por nuestras oficinas) en la presencia de algún oficial de su iglesia.

Toda instrucción o reglamento adicional está a la discreción del maestro.

Los materiales que corresponden a cada nivel están disponibles y pueden ser adquiridos comunicándose con las oficinas de nuestro ministerio al (973) 472-3498 o vía Internet a joaby@aol.com o www.academiadediscipulado.com.

Proyectos del discípulo

Cada nivel de preparación en la Academia de Discipulado viene con la asignación de un proyecto diseñado para la práctica de los principios bíblicos aprendido. En la mayoría de los casos, los maestros/mentores deben de estar presente para supervisar el desarrollo de sus discípulos. Estos proyectos son:

La escuela de adoradores – un retiro espiritual en la iglesia anfitriona con todos los alumnos

La escuela de evangelismo – trabajo personal en las calles, plazas o "mall" de la cuidad

La escuela de mentoría – trabajo personal en los hospitales o asilo de ancianos

La escuela de ministerio – cada alumno debe ser voluntario de uno o varios ministerios de su iglesia local para descubrir donde Dios le está llamando a servir.

La escuela de líderes – cada alumno debe asistir al retiro de líderes en preparación de su graduación. En este retiro, cada alumno compartirá su experiencia de formación con su clase. La última parte del retiro consistirá en una ceremonia de lavamiento de pies donde el alumno tomara para si un colega, y tomaran turnos para lavar los pies el uno al otro, orando y bendiciendo el uno al otro en el proceso.

El Ministerio

Descubriendo y desarrollando

los dones en ti

Llamados para Servir

"Características de un Siervo"

Dijo, pues, Jonatán a su paje de armas: Ven, pasemos a la guarnición de estos incircuncisos; quizá haga algo Jehová por nosotros, pues no es difícil para Jehová salvar con muchos o con pocos. Y su paje de armas le respondió: Haz todo lo que tienes en tu corazón; ve, pues aquí estoy contigo a tu voluntad.
1 Samuel 14:6,7

Para poder entender el concepto correcto del ministerio, tenemos que entender claramente, lo que significa la definición de esta palabra. La palabra "ministerio", viene de la palabra "ministro" la cual, significa el que sirve o el siervo. Un ministerio pues, es un cuerpo de personas que están dedicadas al servicio de otros. El que desea trabajar en el ministerio de la iglesia de Jesucristo, debe entender que su obra es un acto de servicio para el bienestar de los hermanos y no una dictadura, manipulación o vía para lograr sus propios sueños. Los ministros de la iglesia, son las personas que están dedicadas al servicio y bienestar de los hermanos de la iglesia con el fin, de ayudarles a crecer y madurar en su formación cristiana. Lo primero que debe comprender, aceptar y abrazar es que Dios le está llamando para ser su ministro y desea capacitarle para servir a los demás. Los siguientes versículos confirman nuestro llamado a servir:

Marcos 10:43 al 45 – *Pero no será así entre vosotros, sino que el que quiera hacerse grande entre vosotros será vuestro servidor, y el que de vosotros quiera ser el primero, será siervo de todos. Porque el Hijo del Hombre no vino para ser servido, sino para servir, y para dar su vida en rescate por muchos.*

Gálatas 6:2, 10 – *Sobrellevad los unos las cargas de los otros, y cumplid así la ley de Cristo...Así que, según tengamos oportunidad, hagamos bien a todos, y mayormente a los de la familia de la fe.*

Hecho 20:18, 19 – *Cuando vinieron a él, les dijo: Vosotros sabéis cómo me he comportado entre vosotros todo el tiempo, desde el primer día que entré en Asia, sirviendo al Señor con toda humildad, y con muchas lágrimas, y pruebas que me han venido por las asechanzas de los judíos.*

Recordando lo Básico

En el primer nivel de discipulado, estudiamos sobre las llaves de un servicio de calidad. En esa ocasión estudiamos tres principios fundamentales para poder ofrecer a Dios el servicio que él se merece. Vamos a tomar un minuto para revisar esos puntos.

Hechos 6:1-3

"En aquellos días, como creciera el número de los discípulos, hubo murmuración de los griegos contra los hebreos, de que las viudas de aquéllos eran desatendidas en la distribución diaria. Entonces los doce convocaron a la multitud de los discípulos, y dijeron: No es justo que nosotros dejemos la

palabra de Dios, para servir a las mesas. Buscad, pues, hermanos, de entre vosotros a siete varones de buen testimonio, llenos del Espíritu Santo y de sabiduría, a quienes encarguemos de este trabajo. Y nosotros persistiremos en la oración y en el ministerio de la palabra."

El primer punto fundamental sobre nuestro servicio está enfocado en *nuestro testimonio*. Recuerda que para poder servir a Dios y a su iglesia tenemos que ser irreprensibles. El día en que se descubre que no somos lo que pretendemos ser, nuestro testimonio será manchado; nuestro carácter será cuestionado y quedaremos descalificados para el servicio de inmediato. No quedaría otra opción sino el de ser sometido a un proceso de disciplina, sanidad y restauración.

1 Timoteo 3:1 al 7 – *Palabra fiel: Si alguno anhela obispado, buena obra desea. Pero es necesario que el obispo sea irreprensible, marido de una sola mujer, sobrio, prudente, decoroso, hospedador, apto para enseñar; no dado al vino, no pendenciero, no codicioso de ganancias deshonestas, sino amable, apacible, no avaro; que gobierne bien su casa, que tenga a sus hijos en sujeción con toda honestidad (pues el que no sabe gobernar su propia casa, ¿cómo cuidará de la iglesia de Dios?); no un neófito, no sea que envaneciéndose caiga en la condenación del diablo. También es necesario que tenga buen testimonio de los de afuera, para que no caiga en descrédito y en lazo del diablo.*

El segundo punto fundamental, habla sobre el *poder del Espíritu Santo*. Nunca, podemos olvidar de que necesitamos el poder del Espíritu Santo si vamos a servir a Dios con excelencia. El Espíritu de Dios nos da fuerza, discernimiento, nos guía, pone palabras en nuestra boca en el momento preciso, nos da convicción, nos inspira y mucho, mucho más. Sin su poder, será imposible servir a Dios y a su iglesia como debemos.

Efesios 5:18 al 20 – *No os embriaguéis con vino, en lo cual hay disolución; antes bien **sed llenos del Espíritu**, hablando entre vosotros con salmos, con himnos y cánticos espirituales, cantando y alabando al Señor en vuestros corazones; dando siempre gracias por todo al Dios y Padre, en el nombre de nuestro Señor Jesucristo.*

El último punto fundamental que estudiamos en el primer nivel, es la *sabiduría*. Los Apóstoles dijeron a los hermanos de la iglesia primitiva, que buscaran hombres con sabiduría. La sabiduría divina, es esencial para poder servir en la iglesia de Dios. Los líderes de la iglesia no solo deben tener una preparación secular, sino, también deben de ser adecuadamente formados por el Espíritu Santo, aconsejando, enseñando y ministrando sabiduría espiritual basada en la palabra de Dios.

Proverbios 2:1 al 7 – *Hijo mío, si recibieres mis palabras, Y mis mandamientos guardares dentro de ti, Haciendo estar **atento tu oído a la sabiduría**; Si inclinares tu corazón a la prudencia, Si clamares a la inteligencia, Y a la prudencia dieres tu voz; Si como a la plata la buscares, Y la escudriñares como a tesoros, Entonces entenderás el temor de Jehová, Y hallarás el conocimiento de Dios. Porque Jehová da la sabiduría, Y de su boca viene el conocimiento y la inteligencia. El provee de sana sabiduría a los rectos; Es escudo a los que caminan rectamente.*

Características de un Siervo

Ya que hemos revisado las llaves de un servicio de calidad, vamos a estudiar las características que tenemos que poseer para ser un verdadero siervo de Dios. Vamos a tomar algunas características del escudero de Jonatán, hijo del rey Saúl. *Pasaje Central* – 1 Samuel 14:1-14

Un Siervo conoce y abraza la visión de su líder

La primera característica que notamos en el pasaje central, (v.6-10) es que el escudero recibió la visión de su líder Jonatán. Como siervos de la iglesia de Dios, tenemos que tomar el tiempo de entender claramente cuál es la visión de la iglesia donde estamos sirviendo. Tenemos que meditar sobre la visión hasta que ella se haya metido, profundamente, en nuestros corazones pues, esa es la visión que Dios va a cumplir a través del esfuerzo de todos los miembros de la iglesia. Las referencias bíblicas abajo, enfatizan esto punto primordial:

Juan 1:29, 30 – *El siguiente día vio Juan a Jesús que venía a él, y dijo: He aquí el Cordero de Dios, que quita el pecado del mundo.*

Este es aquel de quien yo dije: Después de mí viene un varón, el cual es antes de mí; porque era primero que yo.

Juan 3:26-30 – *Y vinieron a Juan y le dijeron: Rabí, mira que el que estaba contigo al otro lado del Jordán, de quien tú diste testimonio, bautiza, y todos vienen a él. Respondió Juan y dijo: No puede el hombre recibir nada, si no le fuere dado del cielo. Vosotros mismos me sois testigos de que dije: Yo no soy el*

Cristo, sino que soy enviado delante de él. El que tiene la esposa, es el esposo; más el amigo del esposo, que está a su lado y le oye, se goza grandemente de la voz del esposo; así pues, este mi gozo está cumplido. Es necesario que él crezca, pero que yo mengue.

Juan el bautista, recibió la visión del ministerio de Jesús y la abrazó totalmente. Cuando otros se quejaron a él sobre la fama y ministerio de Jesús, él les enseñó el espíritu del verdadero servicio a Dios, sirviendo a su líder al mismo precio de su ministerio personal. Su pasión de servir a Jesús, le costó su propia popularidad.

Para poner en práctica este primer punto, tome un minuto para revisar la visión de nuestra iglesia local indicada abajo (Nuevos Comienzos). Los cinco pilares de nuestra visión revelan el tipo de iglesia que estamos edificando. Los alumnos que toman parte de otra iglesia, deben conseguir una copia de la visión de su congregación para hacer lo mismo.

5 pilares de la Visión de Nuevos Comienzos

Adorar – Somos una iglesia de adoradores y deseamos adorar a Dios en espíritu y en verdad.

Ganar – Somos una iglesia evangelística. Tenemos pasión por las almas.

Cuidar – Somos una iglesia paternal. Afirmamos y cuidamos a las almas con amor, paciencia y ternura.

Entrenar – Somos una iglesia educadora. Estamos entrenando y enseñamos la palabra de Dios a los creyentes con el fin, de que sean transformados a la imágen y semejanza de Jesucristo.

Enviar – Somos una iglesia servidora. Enviamos a los líderes que han sido preparados y hallados fieles a Jesús y a la iglesia a trabajar en la viña del Señor dentro y fuera de los Estados Unidos.

Un Siervo trabaja junto con su líder

El segundo punto el cual, se encuentra en nuestro pasaje central, es que el escudero se mantenía cerca de su líder Jonatán (v.11). Es importante que todos los ministros de la iglesia aprendan a procurar la unidad de la iglesia. No basta solo recibir la visión; sino, tenemos que trabajar unidos, como un cuerpo que tiene muchos miembros funcionando en armonía, en acuerdo y en orden. Cuando hay comunicación, pasión y amor entre los ministros, la iglesia se mantendrá unida, cumpliendo con la voluntad de nuestro Rey Jesucristo.

Salmos 133:1 – *¡Mirad cuán bueno y cuán delicioso es habitar los hermanos juntos en armonía! Es como el buen óleo sobre la cabeza, El cual desciende sobre la barba, la barba de Aarón, Y baja hasta el borde de sus vestiduras.*

Efesios 4:1-6 – *Yo pues, preso en el Señor, os ruego que andéis como es digno de la vocación con que fuisteis llamados, con toda humildad y mansedumbre, soportándoos con paciencia los unos a los otros en amor, solícitos en guardar la unidad del Espíritu en el vínculo de la paz; un cuerpo, y un Espíritu, como fuisteis también llamados en una misma esperanza de vuestra vocación; un Señor, una fe, un bautismo, un Dios y Padre de todos, el cual es sobre todos, y por todos, y en todos.*

<u>1 Corintios 1:10</u> – *Os ruego, pues, hermanos, por el nombre de nuestro Señor Jesucristo, que habléis todos una misma cosa, y que no haya entre vosotros divisiones, sino que estéis perfectamente unidos en una misma mente y en un mismo parecer.*

Otros pasajes sobre la importancia de trabajar juntos y la unidad: Romanos 12:16, y Filipenses 2:2

Un Siervo colabora con la misión del líder

El último punto sobre escudero, es que el colaboró y realizó el plan de su líder Jonatán y fueron exitosos (v.12-14). Hemos visto, que es muy importante, recibir la visión y es importante que la iglesia esté unida, pero, el cuadro no está completo, hasta que la iglesia cumpla su misión. No basta estar ocupado en la iglesia solamente, tenemos que ser efectívos. Debemos siempre cumplir. Una misión no cumplida, es una misión fracasada. Tenemos que trabajar con propósito, con pasos hacia la dirección del cumplimiento de la misión, para terminar lo que hemos comenzado. Los versículos que siguen confirman este punto crucial.

<u>Juan 17:4</u> – *Yo te he glorificado en la tierra; he acabado la obra que me diste que hiciese.*

<u>Juan 19:30</u> – *Cuando Jesús hubo tomado el vinagre, dijo: Consumado es. Y habiendo inclinado la cabeza, entregó el espíritu.*

2 Timoteo 4:7,8 – *He peleado la buena batalla, he acabado la carrera, he guardado la fe. Por lo demás, me está guardada la corona de justicia, la cual me dará el Señor, juez justo, en aquel día; y no sólo a mí, sino también a todos los que aman su venida.*

En estos pasajes, podemos ver claramente la importancia del cumplimiento de una misión. Vemos en el ejemplo de Jesús y del apóstol Pablo, una gran inquietud por terminar lo que ellos comenzaron para Dios Padre. Como miembro y ministro de la iglesia de Jesucristo, Dios le ha dado un llamado para servir a los demás, con el fin de cumplir con la misión del Padre celestial. Motívese a memorizar la visión de la iglesia. Dedíquese a trabajar cerca de tus líderes en la iglesia. Y esfuércese a cumplir el llamado que Dios le ha dado. Usted es una parte importante de la iglesia de Jesucristo.

La Iglesia de Jesucristo

"Tres Conceptos Básicos"

Esto te escribo, aunque tengo la esperanza de ir pronto a verte, para que si tardo, sepas cómo debes conducirte en la casa de Dios, que es la iglesia del Dios viviente, columna y baluarte de la verdad.

1 Timoteo 3:14,15

En la primera lección, aprendió sobre la importancia de ser un mentor que posee un corazón de servidor. Un mentor quien no ha entendido que somos siervos del Señor, no será exitóso en su ministerio. Lo próximo que necesitamos entender para poder ser mentores eficientes, es el concepto básico de la iglesia de Jesucristo. Como discípulos de Jesús, tenemos que aprender a funcionar dentro de la misión de la iglesia de Jesucristo. La persona que no entiende cómo es que debe funcionar la iglesia, toma el riesgo de ser un llanero solitario, caminando según sus propias ideas y convicciones. Tal persona, se convertirá en un tropiezo para la obra de la iglesia y no podrá cumplir los propósitos de Dios en su vida.

Conceptos Básicos

Hay tres conceptos básicos de la iglesia de Jesús en la Biblia, los cuales describen, cómo éstos deben funcionar. Estos conceptos, son ilustraciones que pintan un cuadro los cuales, nos guiarán en nuestro servicio cristiano, dentro de la iglesia.

El cuerpo de Cristo

La Biblia enseña claramente, que los discípulos de Jesucristo son miembros de "Su cuerpo." La ilustración de un cuerpo, revela el principio de ser parte de un equipo. Cada miembro de la iglesia, tiene una función. Todos, estamos conectados el uno al otro y cuando trabajamos como un equipo, cumplimos la misión de nuestro Señor.

Efesios 1:22,23 – *Y sometió todas las cosas bajo sus pies, y lo dio por cabeza sobre todas las cosas a la iglesia, **la cual es su cuerpo**, la plenitud de Aquel que todo lo llena en todo.*

Efesios 4:12 – *A fin de perfeccionar a los santos para la obra del ministerio, para la edificación del **cuerpo de Cristo**.*

1 Corintios 12:27 – *Vosotros, pues, sois el **cuerpo de Cristo**, y miembros cada uno en particular.*

Romanos 12:4,5 – *Porque de la manera que en un cuerpo tenemos muchos miembros, pero no todos los miembros tienen la misma función, así nosotros, siendo muchos, somos **un cuerpo en Cristo**, y todos miembros los unos de los otros.*

Colosenses 1:24 – *Ahora me gozo en lo que padezco por vosotros, y cumplo en mi carne lo que falta de las aflicciones de Cristo por su cuerpo, que es la iglesia.*

La Biblia declara que la iglesia de Jesucristo es un cuerpo de creyentes llamados a trabajar en equipo, con el fin de glorificar el nombre de nuestro Señor. También, debemos entender que Jesús es la cabeza del cuerpo y que cada miembro necesita estar conectado y sometido a Su Señorío. Considére estos versículos:

Efesios 4:15, 5:23 – *Sino, que siguiendo la verdad en amor, crezcamos en todo en aquel que es la **cabeza, esto es, Cristo**...*

*porque el marido es cabeza de la mujer, así como **Cristo es cabeza** de la iglesia, la cual es su cuerpo, y él es su Salvador.*

Colosenses 1:18 – *Y él es la **cabeza del cuerpo** que es la iglesia, él que es el principio, el primogénito de entre los muertos, para que en todo tenga la preeminencia.*

La novia de Cristo

La Biblia usa esta ilustración de "novia", para revelar la *relación íntima* espiritual, que debe existir entre Jesús y los miembros de Su iglesia. La iglesia que no promueve y procura una vida íntima con Jesús corporal e individualmente, se convertirá en una organización religiosa llena de negocios y rutina, sin sabor, sin vida y sin relevancia.

Isaías 62:3 al 5 – *Y serás corona de gloria en la mano de Jehová, y diadema de reino en la mano del Dios tuyo. Nunca más te llamarán Desamparada, ni tu tierra se dirá más*

Desolada; sino que serás llamada Hefzi-bá, y tu tierra, Beula; porque el amor de Jehová estará en ti, y tu tierra será desposada. Pues como el joven se desposa con la virgen, se desposarán contigo tus hijos; y como el gozo del esposo con la esposa, así se gozará contigo el Dios tuyo.

<u>2 Corintios 11:2</u> – *¡Ojalá, me toleraseis un poco de locura! Sí, toleradme. Porque os celo con celo de Dios; pues os he desposado con un solo esposo, para presentaros como una virgen pura a Cristo.*

<u>Apocalipsis 19:7, 22:17</u> – *Gocémonos y alegrémonos y démosle gloria; porque han llegado las bodas del Cordero, y su esposa se ha preparado… Y el Espíritu y la Esposa dicen: Ven. Y el que oye, diga: Ven. Y el que tiene sed, venga; y el que quiera, tome del agua de la vida gratuitamente.*

Estos pasajes enseñan que, como miembros de la iglesia de Jesucristo, somos como una novia o esposa espiritual para nuestro Señor. Nosotros, los que hemos sido lavados con la sangre de Jesús, y los que hemos sido redimídos y perdonados, debemos sentir un profundo deseo de estar cerca de Jesús. Como discípulo de Jesucristo, necesita entender que Dios no está interesado solo en lo que usted pueda lograr para él. O, en el trabajo o ministerio que pueda desempeñar. Esas cosas son importantes, pero, sobre todo, Dios está interesado en su corazón. Dios expresó este sentir a los miembros de la iglesia de Éfesos cuando dijo: *"Yo conozco tus obras, y tu arduo trabajo y paciencia; y que no puedes soportar a los malos, y has probado a los que se dicen ser apóstoles, y no lo son, y los has hallado mentirosos; y has sufrido, y has tenido paciencia, y has trabajado arduamente por amor de mi nombre, y no has desmayado. Pero tengo contra ti, que **has dejado tu primer*** *amor*" (Apocalipsis 2:2-4). Nuestros antepasados reconocían el gran privilegio de tener a Dios como su amado. Considera estos pasajes:

Salmos 42:1,2ª – *Como el ciervo brama por las corrientes de las aguas, Así clama por ti, oh, Dios, el alma mía. Mi alma tiene sed de Dios, del Dios vivo.*

Salmos 63: 1 al 8 – *Dios, Dios mío eres tú; De madrugada te buscaré; Mi alma tiene sed de ti, mi carne te anhela, En tierra seca y árida donde no hay aguas, Para ver tu poder y tu gloria, Así como te he mirado en el santuario. Porque mejor es tu misericordia que la vida; Mis labios te alabarán. Así te bendeciré en mi vida; En tu nombre alzaré mis manos. Como de meollo y de grosura será saciada mi alma, Y con labios de júbilo te alabará mi boca, Cuando me acuerde de ti en mi lecho, Cuando medite en ti en las vigilias de la noche. Porque has sido mi socorro, Y así en la sombra de tus alas me regocijaré. Está mi alma apegada a ti; Tu diestra me ha sostenido.*

Isaías 26:9 – *Con mi alma te he deseado en la noche, y en tanto que me dure el espíritu dentro de mí, madrugaré a buscarte; porque luego que hay juicios tuyos en la tierra, los moradores del mundo aprenden justicia.*

El templo de Dios

El último concepto de la iglesia que debemos analizar, es la enseñanza bíblica que dice que nosotros, como creyentes, somos el templo de Dios. Tradicionalmente, se ha puesto mucho énfasis en los edificios religiosos para promover la religión cristiana (entre otras religiones). En algunos casos, este énfasis ha tomado el lugar del ministerio de la iglesia y se gastan millones en la construcción de ésta, pensando que el atractivo edificio, traerá a los feligréses. Como discípulos de Jesús, es muy importante, entender que el templo donde adoramos a Dios, solo es un instrumento, herramienta o vehículo que nos facilita el cumplir el propósito de Dios. No hay nada mal en tener una iglesia bonita siempre y cuando, no dejémos de cumplir la misión del Señor. Esta enseñanza nos revela que, como templos de Dios, debemos cuidar nuestro cuerpo en santidad y en salud y debemos entender que el Dios que la comunidad necesita está dentro de nosotros. En otras palabras, nosotros tenemos lo que el mundo necesita para cumplir su propósito, para ser sanado y para ser felíz. Esta realidad debe motivárnos a vivir vidas justas y piadosas. Los pasajes abajo confirman el hecho de que somos templo de Dios.

<u>1 Corintios 3:16,17</u> – *¿No sabéis que sois templo de Dios, y que el Espíritu de Dios mora en vosotros? Si alguno destruyere el templo de Dios, Dios le destruirá a él; porque el templo de Dios, el cual sois vosotros, santo es.*

<u>1 Corintios 6:19,20</u> – *¿O ignoráis que vuestro cuerpo es templo del Espíritu Santo, el cual está en vosotros, el cual tenéis de Dios, y que no sois vuestros? Porque habéis sido comprados por precio; glorificad, pues, a Dios en vuestro cuerpo y en vuestro espíritu, los cuales son de Dios.*

<u>2 Corintios 6:16</u> – *¿Y qué acuerdo hay entre el templo de Dios y los ídolos? Porque vosotros sois el templo del Dios viviente, como Dios dijo: Habitaré y andaré entre ellos, Y seré su Dios, Y ellos serán mi pueblo.*

<u>Efesios 2:21,22</u> – *En quien todo el edificio, bien coordinado, va creciendo para ser un templo santo en el Señor; en quien*

vosotros también sois juntamente edificados para morada de Dios en el Espíritu.

1 Pedro 2:4,5 – *Acercándoos a él, piedra viva, desechada ciertamente por los hombres, más para Dios escogida y preciosa, 5vosotros también, como piedras vivas, sed edificados como casa espiritual y sacerdocio santo, para ofrecer sacrificios espirituales aceptables a Dios por medio de Jesucristo.*

Recuerde siempre, que usted es miembro del cuerpo de Jesucristo, que es la novia espiritual de Jesús y que su cuerpo es templo del Espíritu Santo. Como tal, debe trabajar en conjunto con el equipo local de su iglesia, debe procurar una vida más íntima con Jesús cada día y debe reconocer que el poder transformador del Espíritu Santo mora dentro de usted.

Edificando la Iglesia

"Construyendo una asamblea saludable"

Viniendo Jesús a la región de Cesarea de Filipo, preguntó a sus discípulos, diciendo: ¿Quién dicen los hombres que es el Hijo del Hombre? Ellos dijeron: Unos, Juan el Bautista; otros, Elías; y otros, Jeremías, o alguno de los profetas. Él les dijo: Y vosotros, ¿quién decís que soy yo? Respondiendo Simón Pedro, dijo: Tú eres el Cristo, el Hijo del Dios viviente. Entonces le respondió Jesús: Bienaventurado eres, Simón, hijo de Jonás, porque no te lo reveló carne ni sangre, sino mi Padre que está en los cielos. Y yo también te digo, que tú eres Pedro, y sobre esta roca edificaré mi iglesia; y las puertas del Hades no prevalecerán contra ella. Y a ti te daré las llaves del reino de los cielos; y todo lo que atares en la tierra será atado en los cielos; y todo lo que desatares en la tierra será desatado en los cielos.

Mateo 16:13-19

En la última lección aprendimos un poco, sobre la iglesia de Jesucristo y sobre tres conceptos básicos que le ayudarán a entender cómo la iglesia debe funcionar. Hoy, vamos a estudiar sobre el llamado de la iglesia a crecer, edificándose el uno al otro, hasta llegar a la medida de la plenitud de Jesucristo, cumpliendo así su misión y propósito. Antes de estudiar nuestro versículo central y los puntos de nuestra lección, es importante comprender que las escrituras nos enseñan claramente, que como discípulos-ministros del Reino de Dios, tenemos que tener mucho cuidado en como edificamos Su iglesia. Considére este versículo:

1 Corintios 3:10-15 – *Conforme a la gracia de Dios que me ha sido dada, yo como perito arquitecto puse el fundamento, y otro edifica encima;* **pero cada uno mire cómo sobreedifica.** *Porque nadie puede poner otro fundamento que el que está puesto, el cual es Jesucristo. Y si sobre este fundamento alguno edificare oro, plata, piedras preciosas, madera, heno, hojarasca, la obra de cada uno se hará manifiesta; porque el día la declarará, pues por el fuego será revelada; y la obra de cada uno cuál sea, el fuego la probará. Si permaneciere la obra de alguno que sobreedificó, recibirá recompensa. Si la obra de alguno se quemare, él sufrirá pérdida, si bien él mismo será salvo, aunque así como por fuego.*

Este versículo, nos exhorta que debemos "mirar" como edificamos la iglesia de Jesús. No puede ser a nuestra manera sino, tal y como Cristo nos enseñó en su palabra. Con esto en mente, vamos a estudiar el versículo central de nuestra lección y a recibir los principios bíblicos sobre cómo edificar la iglesia de Jesucristo.

Edificando la Iglesia de Jesús – Mateo 16:13-19

Admisión

Lo primero que debemos entender, es la manera correcta de cómo ser parte de la iglesia de Jesús. Este punto, lo vemos claro cuando Jesús les pregunta a sus discípulos: *"¿Quién dicen los hombres que es el Hijo del Hombre?* En otras palabras, necesitámos saber quién es Jesús y depositar nuestra fe en él. Tenemos que creer en Jesús como nuestro Salvador personal y confesarlo como nuestro Señor, para ser parte de Su iglesia. Los versículos abajo le ayudarán a entender este punto más claro:

<u>Romanos 10:9,10</u> – *Que si confesares con tu boca que Jesús es el Señor, y creyeres en tu corazón que Dios le levantó de los muertos, serás salvo. Porque con el corazón se cree para justicia, pero con la boca se confiesa para salvación.*

<u>Juan 3:16</u> – *Porque de tal manera amó Dios al mundo, que ha dado a su Hijo unigénito, para que todo aquel que en él cree, no se pierda, más tenga vida eterna.*

<u>Hechos 16:29 al 31</u> – *El entonces, pidiendo luz, se precipitó adentro, y temblando, se postró a los pies de Pablo y de Silas; y sacándolos, les dijo: Señores, ¿qué debo hacer para ser salvo? Ellos dijeron: Cree en el Señor Jesucristo, y serás salvo, tú y tu casa.*

Revelación

Después que uno nace de nuevo (por fe en Jesús), se hace parte de la iglesia de Jesucristo. De allí en adelante, junto con otros creyentes, comienza a crecer a la imágen y semejanza de Jesús. Sin embargo, este crecimiento no es automático. Para crecer, tiene que ser edificado por la revelación de la palabra de Dios. Vemos esto claro cuando el Señor dijo a Pedro: *"Bienaventurado eres, Simón, hijo de Jonás, porque no te lo reveló carne ni sangre, sino mi Padre que está en los cielos. Y yo también te digo, que tú eres Pedro, y sobre esta roca edificaré mi iglesia y las puertas del Hades no prevalecerán contra ella."*

Jesús dijo claramente, que sobre la roca de la revelación de Cristo mismo ("sobre esta roca"), es como Su iglesia iba ser edificada. La iglesia de Jesucristo necesita poner en prioridad el estudio de la palabra de Dios, porque ella revela la vida de Jesús y necesita procurar la vida plena del Espíritu, porque en él exíste la virtud de Dios. El Apóstol Juan, habla sobre la revelación de Jesús y la Biblia como palabra de Dios cuando dijo: *"En el principio era el Verbo, y el Verbo era con Dios, y el Verbo era Dios...Y aquel Verbo fue hecho carne, y habitó entre nosotros (y vimos su gloria, gloria como del unigénito del Padre), lleno de gracia y de verdad" (Juan 1:1,14)*. Jesús, es el Verbo encarnado y cuando enseñamos la palabra de Dios a los creyentes estamos revelando a Cristo y así, edificando sus vidas.

El Espíritu Santo, también tiene en sí la revelación de Cristo la cual nos edifica pues, Jesús mismo enseñó que: *"Cuando venga el Espíritu de verdad, él os guiará a toda la verdad; porque **no hablará por su propia cuenta**, sino que hablará todo lo que oyere, y os hará saber las cosas que habrán de venir. **El me glorificará**; porque tomará de lo mío, y os lo hará saber" (Juan 16:13,14)*.

El ministerio del Espíritu Santo en la vida del creyente, vive para glorificar a Jesús. Es por eso, que la iglesia tiene que enseñar a sus feligréses el valor y la urgencia de la vida plena del Espíritu Santo. La palabra y el Espíritu. El Espíritu y la palabra. Ambas, revelan a Jesús y ambas tienen el poder para edificar la iglesia de Cristo.

<u>1 Corintios 14:3, 26</u> – *Pero el que profetiza habla a los hombres para **edificación**, exhortación y consolación ¡Qué hay, pues, hermanos? Cuando os reunís, cada uno de vosotros*

tiene salmo, tiene doctrina, tiene lengua, tiene revelación, tiene interpretación. Hágase todo para **edificación***.*

2 Corintios 12:19 – *¿Pensáis aún que nos disculpamos con vosotros? Delante de Dios en Cristo hablamos; y todo, muy amados, para vuestra* **edificación.**

Efesios 4:29, 30 – *Ninguna palabra corrompida salga de vuestra boca, sino la que sea buena para la necesaria* **edificación,** *a fin de dar gracia a los oyentes. Y no contristéis al Espíritu Santo de Dios, con el cual fuisteis sellados para el día de la redención.*

Impartición

La palabra impartir significa "dar de la abundancia de uno"[1] En otras palabras, cuando impartimos algo en alguien, estamos transfiriendo algo que tenemos en otros. Es por eso, que la Biblia exhorta a todos los creyentes a someterse a sus líderes espirituales, a aprender de un maestro y a ser discipulado. Es por eso, que Dios llama a hombres y mujeres al santo ministerio, para impartir sus vidas en otros, para que ellos puedan crecer y ser edificados. Los que son líderes en la iglesia, son llamados a sacrificar su tiempo en el servicio del Señor, con el fin de impartir las cosas que ellos han recibido y los que son creyentes en la iglesia tienen que tomar el tiempo para ser entrenados.

Vemos este principio con Jesús y sus discípulos, cuando nuestro maestro les dice: *"Y a ti te daré las llaves del reino de los cielos; y todo lo que atares en la tierra será atado en los cielos; y todo lo que desatares en la tierra será desatado en los cielos."* Jesús tiene las llaves y las entrega a sus discípulos. Esta

---

[1] Merriam Webster Dictionary, 1995.

transferencia de autoridad y poder, fué parte del entrenamiento que Jesús daba a sus discípulos. Si vamos a edificar la iglesia como nos manda la Biblia, tenemos que tomar el tiempo para impartir la vida, palabra y bendición que hemos recibido de parte de Dios, a todo aquel que desea seguir las pisadas de Jesús.

<u>Efesios 4:11,12</u> – *Y él mismo constituyó a unos, apóstoles; a otros, profetas; a otros, evangelistas; a otros, pastores y maestros, a fin de **perfeccionar** a los santos para la obra del ministerio, para la edificación del cuerpo de Cristo.*

<u>Romanos 1:11, 12</u> – *Porque deseo veros, para **comunicaros**[2] algún don espiritual, a fin de que seáis confirmados; esto es, para ser mutuamente confortados por la fe que nos es común a vosotros y a mí.*

Hemos aprendido que Jesús ha establecido su iglesia y lo que Dios establece, no hay enemigo, demonio o infierno que pueda detenerlo. Pero, esta promesa se cumple en aquellas iglesias que están comprometidas a edificar sus miembros, según el modelo establecido en la Biblia. Si vamos a ser una iglesia victoriosa, tenemos que enseñar al pueblo que hay solo un nombre, dado a los hombres, a través del cual podemos ser salvos, Jesucristo. Tenemos que educar a los miembros de nuestras iglesias en las sagradas escrituras y así, conocerán y practicarán las enseñanzas reveladas en ella. Y tenemos que formar líderes que sean aptos para entrenar y formar a otros, con el fin de que sean transformados a la imagen y semejanza de Jesucristo.

---

[2] Según la concordancia Strong's, La palabra comunicar aquí significa impartir. Véasa a la bibliografía al final del libro.

El Ministerio de la Iglesia

•••

"Entendiendo nuestro trabajo"

Y con otras muchas palabras testificaba y les exhortaba, diciendo: Sed salvos de esta perversa generación. Así que, los que recibieron su palabra fueron bautizados; y se añadieron aquel día como tres mil personas. Y perseveraban en la doctrina de los apóstoles, en la comunión unos con otros, en el partimiento del pan y en las oraciones. Y sobrevino temor a toda persona; y muchas maravillas y señales eran hechas por los apóstoles. Todos los que habían creído estaban juntos, y tenían en común todas las cosas; y vendían sus propiedades y sus bienes, y lo repartían a todos según la necesidad de cada uno. Y perseverando unánimes cada día en el templo, y partiendo el pan en las casas, comían juntos con alegría y sencillez de corazón, alabando a Dios, y teniendo favor con todo el pueblo. Y el Señor añadía cada día a la iglesia los que habían de ser salvos.

Hechos 2:40-47
•••

Hasta este momento hemos entendido nuestro llamado a servir la iglesia; hemos aprendido tres conceptos de la función de la iglesia y hemos estudiado algunos principios básicos sobre la misma se edifica. En esta lección, vamos a estudiar con más detalles los ministerios fundamentales que la iglesia necesita ejercer para cumplir esa misión de edificación. El discípulo que no entiende el propósito del ministerio de la iglesia tendrá dificultad trabajando dentro de ella. Cuando los miembros de la iglesia trabajan dentro de su misión general, esta será saludable y fructífera.

El trabajo del ministerio de la iglesia tiene un enfoque dúo. El primer enfoque ministerial de la iglesia es interno. El trabajo interno de la iglesia es de edificación. Unos de los propósitos cruciales de una reunión cristiana, sea con dos mil o con doscientas personas, es que la fe de cada miembro sea construida de una manera positiva. Deben salir de la reunión de la iglesia mejor que cuando entraron. El segundo enfoque ministerial de la iglesia es externo. Si la iglesia trabaja solo para los que están adentro de su círculo, no habrá crecimiento y tomará el riesgo de morir. La razón por la cual ella es edificada es para ser luz y sal a todos los que están a su alrededor. Como discípulos de Jesucristo, tenemos que alcanzar a la gente que está afuera de las paredes de nuestra iglesia. Así pues, cuando el enfoque ministerial de la iglesia es interno, es para edificar. Pero, cuando el enfoque ministerial de la iglesia es externo, es para alcanzar a las almas perdidas.

Cinco ministerios fundamentales

Adoración

En el primer nivel de discipulado estudiamos sobre la importancia de aprender a ser un discípulo que adora a Dios en espíritu y en verdad. En esa ocasión, el enfoque fue en una adoración individual. En este caso, estamos hablando de la adoración corporal. Como iglesia, tenemos el privilegio y la responsabilidad de adorar a Jesús unidos para la gloria de Dios y para ser testigos a la humanidad. Uno de nuestros propósitos como iglesia es el de exaltar el nombre de nuestro Señor Jesucristo con nuestras alabanzas.

En nuestro pasaje central, podemos ver a la primera iglesia reunida para adorar a Dios. Los versículos 46 y 47 dicen: *"Y perseverando unánimes cada día en el templo, y partiendo el pan en las casas, comían juntos con alegría y sencillez de corazón, **alabando a Dios**."* Fíjate que la iglesia primitiva alababa a Dios corporalmente en "el templo" y "en las casas." Su alabanza a Dios era una expresión de gratitud que fluía de los labios de discípulos que estaban agradecidos por la salvación que recibieron de su salvador y esa expresión corporal se practicaba en el templo y en las casas de los hermanos.

Hay muchas cosas que podemos decir del ministerio de alabanza y adoración en la iglesia, pero, esto no es el enfoque principal de esta lección sino, solo un punto entre otros. Sin embargo, no debo concluir sin mencionar por lo menos, tres principios básicos de un ministerio de alabanza y adoración eficiente.

Alabanza cultural

En primer lugar, debemos entender que la expresión de nuestra adoración a Dios es en parte *cultural*. Esto significa, que las alabanzas que ofrecemos a Dios como cuerpo corporal serán en parte, conforme a nuestras costumbres. Cada iglesia tiene el privilegio de adorar a Dios conforme a su nacionalidad, etnicidad y estilo tradicional. Por ejemplo, algunos africanos alaban a Dios con mucha danza y con un ritmó rápido. Mientras, algunos europeos alaban a Dios con música suave, tranquila y solemne. !Los que están acostumbrados a alabar a Dios con un ritmó rápido, estarán aburridos en el servicio de alabanza con los creyentes europeos! ¡Los que están acostumbrados a alabar a Dios con música solemne, quizás saldrán del servicio africano con un dolor de cabeza! Pero, uno no es mejor que el otro. Todos tenemos el privilegio de adorar a Dios conforme a nuestra cultura natural. Note los instrumentos y estilos de alabanza de los hebreos en el Salmo 150. Ellos son un ejemplo de cómo nuestra alabanza a Dios puede ser cultural: *"Alabad a Dios en el santuario; Alabadle en la magnificencia de su firmamento. Alabadle por sus proezas; Alabadle conforme a la muchedumbre de su grandeza. Alabadle a son de bocina; Alabadle con salterio y arpa. Alabadle con pandero y danza; Alabadle con cuerdas y flautas. Alabadle con címbalos resonantes; Alabadle con címbalos de júbilo. Todo lo que respira alabe a Jehová. Aleluya."*

Un espíritu excelente

El segundo punto importante de nuestra adoración corporal es el *espíritu* con que la presentamos. Cuando hablo de espíritu me estoy refiriendo a la actitud de nuestra expresión y presentación. La clave para experimentar un servicio de alabanza excelente en la iglesia son los líderes que dirigen la congregación en adoración. Tales líderes de adoración deben poseer la gracia y habilidad para vocalizar las alabanzas a Dios con destreza de una manera ordenada y ungida por el Espíritu Santo. Con razón Jesús dijo a la mujer Samaritana; *"Mas la hora viene, y ahora es, cuando los verdaderos adoradores adoraran al Padre en espíritu y en verdad; porque también el Padre tales adoradores busca que le adoren"* (Juan 4:23). Esta gracia y habilidad musical son el don que Dios ha repartido a algunos miembros de la iglesia de Jesucristo. Los dones han sido repartidos a la iglesia conforme a la voluntad y propósito de Dios. Los líderes de la iglesia tienen que ser diligentes en delegar la responsabilidad de dirigir la adoración corporal a personas que claramente han recibido este don musical. Cuando la adoración corporal es dirigida por personas que no tienen el don bien desarrollado, el testimonio de la iglesia a la comunidad (las visitas) sufrirán, tanto como el ambiente espiritual en medio de ellos. Estaré hablando más sobre los dones de la iglesia en otras lecciones.

La adoración Cristo-Céntrica

El último punto que deseo expresar se dirige al enfoque de nuestra adoración. Las letras de las canciones que escojamos deben ser *Cristo-céntricas* y la congregación deben entender claramente que la única persona que estamos exaltando con nuestras alabanzas, danzas y aplausos es Jesucristo. Sin este principio esencial, en vano serán nuestros esfuerzos musicales. Las iglesias que se pierden en el arte y estilo de su música, sin poner un énfasis en la oración y ministración del espíritu de Dios, tomarán el riesgo de proyectar una alabanza rutinaria y fría. Nuestra mirada debe ser hacia el cielo y los líderes de la alabanza deben motivar a los adoradores en la congregación a conectarse con Jesús durante el servicio de adoración. Debe ver libre expresión (ordenadamente), de amor y gratitud al Señor Jesús por todas sus bondades, bendiciones y sus ricas misericordias. El enfoque de nuestra adoración es Jesús. Él es la razón por la cual la iglesia se reúne. Todos debemos entender que venimos al templo a dar gracias a Cristo con nuestra adoración; que venimos al templo a aprender de la palabra de Cristo cuando escuchamos el mensaje; y que venimos a conectarnos con nuestros hermanos en Cristo cuando confraternizamos en unidad y armonía. Jesús es nuestro enfoque. Jesús es nuestra fortaleza. Jesús es nuestro Dios. Él es el centro de todo lo que hacemos. Los versículos abajo confirman que Dios es el centro de nuestra adoración:

Salmos 95:1-3 – *"Venid, aclamemos alegremente a Jehová; Cantemos con júbilo a la roca de nuestra salvación, Lleguemos ante su presencia con alabanza; Aclamémosle con canticos Porque Jehová es Dios grande, y Rey grande sobre todos los dioses."*

Salmos 29:1,2 – *"Tributad a Jehová, oh hijos de los poderosos, Dad a Jehová la gloria y el poder. Dad a Jehová la gloria debida a su nombre; Adorad a Jehová en la hermosura de su santidad."*

Salmos 99:2, 3, 5, 9 – *"Jehová en Sion es grande, Y exaltado sobre todos los pueblos. Alaben tu nombre grande y temible; Él es santo...Exaltad a Jehová nuestro Dios, Y postraos ante el estrado de sus pies; Él es santo...Exaltad a Jehová nuestro Dios, Y postraos ante su santo monte, Porque Jehová nuestro Dios es santo."*

Evangelismo

El segundo ministerio básico de la iglesia es el evangelismo. La iglesia de Jesús tiene un llamado crucial de comunicar el evangelio de Jesucristo de una manera clara, precisa y relevante la sociedad que está a su alrededor. Los versículos 40, 41 y 47 del pasaje central revelan el trabajo de evangelismo que hacía la primera iglesia; *"Y con otras muchas palabras testificaba y les exhortaba, diciendo: Sed salvos de esta perversa generación. Así que, los que recibieron su palabra fueron bautizados; y se añadieron aquel día como tres mil personas. . . Y el Señor añadía cada día a la iglesia los que habían de ser salvos."*

En la escuela de evangelismo (D-2) aprendiste a comunicar el evangelio personalmente. Estudiaste los diferentes componentes del evangelio y cómo comunicarlo con pasión y con sentido. Como discípulo, debes predicar el evangelio en cada oportunidad que sea posible y así, perfeccionar esa habilidad en tí. Cuando los miembros de la iglesia perfeccionan esa habilidad de comunicar el evangelio de Jesús con autoridad, pueden unir sus esfuerzos para un evangelismo corporal. Y cuando la iglesia trabaja unida, como una sola voz, hacia una sola meta, podrá alcanzar la meta de "predicar el evangelio a toda criatura" y así, evangelizar el mundo entero (Marcos 16:15). ¡En el segundo nivel aprendiste a compartir el evangelio solo; ahora tienes que ser parte de una evangelización global!

Marcos 13:9, 10 – *"Pero mirad por vosotros mismos; porque os entregarán a los concilios, y en las sinagogas os azotarán; y delante de gobernadores y de reyes os llevarán por causa de mí, para testimonio a ellos. Y es necesario que el evangelio sea predicado antes a todas las naciones."*

<u>Marcos 16:15,16</u> – *"Y les dijo: Id por todo el mundo y predicad el evangelio a toda criatura. El que creyere y fuere bautizado, será salvo; mas el que no creyere, será condenado."*

<u>Lucas 24:46 – 48</u> – *"Y les dijo: Así está escrito, y así fue necesario que el Cristo padeciese, y resucitase de los muertos al tercer día; y que se predicase en su nombre el arrepentimiento y el perdón de pecados en todas las naciones, comenzando desde Jerusalén. Y vosotros sois testigos de estas cosas."*

Misiones

El ministerio de misiones en la iglesia es muy similar al evangelismo y muchas veces, se practican juntos. Sin embargo, tiene unas características que lo distingue de su primo, el (evangelismo). Por ejemplo, se pueden ministrar varios aspectos de las misiones sin abrir su boca para predicar como vestir al desnudo, visitar al desamparado y alimentar al hambriento. Estos solo son algunos componentes del ministerio misionero que se puede lograr sin tener que predicar. Es por eso, que las misiones van más allá de predicar verbalmente y comunican el amor de Jesús en una manera tangible.

En nuestro pasaje central vemos que *"Todos los que habían creído estaban juntos, y tenían en común todas las cosas; y vendían sus propiedades y sus bienes, y lo repartían a todos según la necesidad de cada uno"* (versículos 44 y 45). El amor de Jesús en la vida de los primeros cristianos era tan real que se desprendieron de sus propias posesiones para ayudar a las personas que tenían necesidades en su comunidad. Esto nos enseña que el verdadero espíritu misionero es organizado, sacrificado y amoroso. También revela que un componente de las misiones debe ser enfocado en las necesidades físicas del ser humano.

Hechos 20:35 – *"En todo os he enseñado que, trabajando así, se debe ayudar a los necesitados, y recordar las palabras del Señor Jesús, que dijo: Más bienaventurado es dar que recibir."*

Mateo 25:31-45 – *"Cuando el Hijo del Hombre venga en su gloria, y todos los santos ángeles con él, entonces se sentará en su trono de gloria, y serán reunidas delante de él todas las naciones; y apartará los unos de los otros, como aparta el pastor las ovejas de los cabritos. Y pondrá las ovejas a su derecha, y los cabritos a su izquierda. Entonces el Rey dirá a los de su derecha: Venid, benditos de mi Padre, heredad el reino preparado para vosotros desde la fundación del mundo.* **Porque tuve hambre, y me disteis de comer; tuve sed, y me disteis de beber; fui forastero, y me recogisteis; estuve desnudo, y me cubristeis; enfermo, y me visitasteis; en la cárcel, y vinisteis a mí.** *Entonces los justos le responderán diciendo: Señor, ¿cuándo te vimos hambriento, y te sustentamos, o sediento, y te dimos de beber? ¿Y cuándo te vimos forastero, y te recogimos, o desnudo, y te cubrimos? ¿O cuándo te vimos enfermo, o en la cárcel, y vinimos a ti? Y respondiendo el Rey, les dirá:* **De cierto os digo que en cuanto lo hicisteis a uno de estos mis hermanos más pequeños, a mí lo hicisteis.** *Entonces dirá también a los de la izquierda: Apartaos de mí, malditos, al fuego eterno preparado*

para el diablo y sus ángeles. Porque tuve hambre, y no me disteis de comer; tuve sed, y no me disteis de beber; fui forastero, y no me recogisteis; estuve desnudo, y no me cubristeis; enfermo, y en la cárcel, y no me visitasteis. Entonces también ellos le responderán diciendo: Señor, ¿cuándo te vimos hambriento, sediento, forastero, desnudo, enfermo, o en la cárcel, y no te servimos? Entonces les responderá diciendo: **De cierto os digo que en cuanto no lo hicisteis a uno de estos más pequeños, tampoco a mí lo hicisteis."**

Discipulado

El ministerio de discipulado es otro ministerio interno, básico y crucial para el desarrollo saludable de la iglesia de Jesucristo. El enfoque primordial del ministerio de discipulado en la iglesia es la formación de los creyentes a la imagen y semejanza de Jesús. En nuestro pasaje central, vemos que los creyentes del primer siglo *"perseveraban en la doctrina de los apóstoles" (Hechos 2:42).* Esto significa que parte del propósito de sus reuniones era la enseñanza de la palabra de Dios. Cuando la palabra de Dios es comunicada de una manera clara y precisa (a creyentes abiertos para aprender) entonces, los principios, preceptos y mandamientos de Dios formarán parte de sus pensamientos y comportamiento. Esto, es un elemento crucial dentro del ministerio de discipulado. Los apóstoles aprendieron esto de su maestro Jesús pues, él los discípulos por unos tres años antes de enviarlos a ser lo mismo. Los pasajes que siguen, testifican del ministerio de discipulado, ministrado por los apóstoles y enfatizan la importancia de este ministerio para la iglesia:

1 Pedro 5:1-3 – *"Ruego a los ancianos que están entre vosotros, yo anciano también con ellos, y testigo de los padecimientos de Cristo, que soy también participante de la gloria que será revelada: Apacentad la grey de Dios que está entre vosotros, cuidando de ella, no por fuerza, sino voluntariamente; no por*

*la ganancia deshonesta, sino con ánimo pronto; no como teniendo señorío sobre los que están a vuestro cuidado, sino **siendo ejemplos de la grey.***"

1 Tesalonicenses 2:5-8 – *"Porque nunca usamos de palabras lisonjeras, como sabéis, ni encubrimos avaricia; Dios es testigo; ni buscamos gloria de los hombres; ni de vosotros, ni de otros, aunque podíamos seros carga como apóstoles de Cristo. Antes **fuimos tiernos entre vosotros, como la nodriza que cuida con ternura a sus propios hijos.** Tan grande es nuestro afecto por vosotros, que hubiéramos querido entregaros no sólo el evangelio de Dios, sino **también nuestras propias vidas**; porque habéis llegado a sernos muy queridos."*

1 Timothy 4:6, 5:17 – *"Si esto **enseñas a los hermanos**, serás buen ministro de Jesucristo, nutrido **con las palabras de la fe y de la buena doctrina que has seguido**...Los ancianos que gobiernan bien, sean tenidos por dignos de doble honor, **mayormente los que trabajan en predicar y enseñar.**"*

Compañerismo

Ya hemos descubierto que la iglesia primitiva no solo se reunía para asuntos espirituales, sino que ellos desfrutaban también de la dulce compañía de sus hermanos en Cristo. Algunas personas piensan que todo en la iglesia tiene que ser serio. Los que tienen este tipo de postura pierden un aspecto poderoso de la iglesia que es el gozo, la paz y la sanidad divina los cuales está presentes cuando los hermanos están juntos hablando, riendo y abrazándose el uno al otro. El salmista confirma esto cuando declara, *"Mirad cuán bueno y cuán delicioso es habitar los hermanos juntos en armonía" (Salmos 133:1)*. Este ministerio vital del compañerismo fue practicaba por la iglesia primitiva y fue de mucha bendición para sus feligreses. El pasaje central lo confirma: *"Y perseveraban en la doctrina de los apóstoles, en la **comunión unos con otros**...Y perseverando unánimes cada día en el templo, y partiendo el pan en las casas, **comían juntos con alegría y sencillez de corazón**"* (v.42 y 46). Debemos entender que cuando la iglesia habita junto en armonía, el espíritu del Señor esta en medio de ella edificándola y fortaleciéndola. Los versículos que siguen enseñan sobre la importancia del compañerismo:

<u>1 Juan 1:3,4</u> – *"Lo que hemos visto y oído, eso os anunciamos, para que también vosotros tengáis **comunión con nosotros**; y nuestra comunión verdaderamente es con el Padre, y con su Hijo Jesucristo. Estas cosas os escribimos, para que vuestro gozo sea cumplido."*

<u>1 Juan 1:5-7</u> – *"Este es el mensaje que hemos oído de él, y os anunciamos: Dios es luz, y no hay ningunas tinieblas en él. Si decimos que tenemos comunión con él, y andamos en tinieblas, mentimos, y no practicamos la verdad; pero si andamos en luz, como él está en luz, **tenemos comunión unos con otros**, y la sangre de Jesucristo su Hijo nos limpia de todo pecado."*

Hemos estudiado sobre cinco ministerios fundamentales que cada iglesia de Jesucristo debe ejercer en su servicio a Dios, los creyentes y la comunidad. Como discípulo de Jesucristo, debes tomar el tiempo para estudiar bien la función de cada ministerio y para comprender como cada uno de ellos impactan a la iglesia y como están interconectados. Tu análisis de esos ministerios te ayudará a discernir tu lugar y trabajo dentro de la misma.

La Iglesia y el Reino de Dios

La Parábola de los Talentos

Porque el reino de los cielos es como un hombre que yéndose lejos, llamó a sus siervos y les entregó sus bienes. A uno dio cinco talentos, y a otro dos, y a otro uno, a cada uno conforme a su capacidad; y luego se fue lejos.

Mateo 25:14-30

Jesús, en su parábola de los talentos, enseña que sus seguidores son llamados a ser administradores de su reino. Esta verdad fue expresada con la declaración, *"Porque el reino de los cielos es como."* Trabajando con una mentalidad del "reino," es otro aspecto del ministerio que los miembros de la iglesia de Jesucristo están llamados a aprender e implementar. La palabra reino significa gobierno, sistema u órden. La iglesia de Jesucristo tiene el llamado de trabajar para Jesús guiado por las normas y reglas que él mismo ha establecido en su palabra, con el fin de establecer Su reino en las mentes y corazones de los que están en el círculo de nuestro alcance. La parábola de los talentos revela algunos principios esenciales que nos equiparán para lograr este fin.

Principios Básicos sobre el Reino de Dios

El Rey del Reino

Nuestra parábola comienza con la presentación de un patrón que delega responsabilidades y bienes a sus siervos; *"Un hombre que, yéndose lejos, llamó a sus siervos y les entregó sus bienes"* (versículo 14). Este patrón tenía un mandato y entregó sus bienes a sus siervos para que ellos pudiésen cumplir sus propósitos hasta que el regresara. Este patrón, representa a Jesús quien vino a la tierra con un propósito y nos dió su palabra, su espíritu y su vida, dejándonos un mandato específico de estar ocupados en su viña hasta que el regrese a la tierra. Esto nos enseña que nuestro compromiso va más allá de cumplir con la iglesia o sus líderes. Nuestro compromiso es con el mismo Señor Jesús.

La parábola muestra la autoridad completa de este patrón. Él tenía poder para mandar, entregar bienes y llamarlos a dar cuenta por su obra. Este principio, es clave para comprender los asuntos del reino de Dios porque su gobierno, en muchas maneras, funciona de una forma distinta a la que estámos acostumbrados. Hoy en día, hablando en términos naturales, el gobierno democrático es muy popular y practicado en muchos países del mundo. Sin embargo, podemos ver claro otro tipo de gobierno en las sagradas escrituras. En la biblia, no vemos a Jesús como un presidente, como en algunos gobiernos democráticos sino, como un rey. Un presidente está limitado por los votos de un pueblo, un rey tiene autoridad *sobre* el pueblo. Para poder entender bien los principios del reino de Dios tenemos que comenzar con este punto. En este reino, solo hay un jefe. Solo hay uno que manda. Solo hay uno que merece nuestra lealtad completa; Jesús, el Rey de Reyes. Esto no nos autoriza a desobedecer a los líderes espirituales que están en nuestras vidas como algunos mal interpretan. Al contrario, los que están sometidos al rey Jesús, se someten a las personas que Él ha puesto sobre ellos. Así que, cuando trabajamos en la iglesia debemos entender que no solo estamos trabajando para el Pastor o los líderes espirituales, sino, estamos trabajando para el Pastor de los Pastores, la cabeza de la iglesia, el Señor Jesucristo:

1 Timoteo 6:13-16 – *"Te mando delante de Dios, que da vida a todas las cosas, y de Jesucristo, que dio testimonio de la buena profesión delante de Poncio Pilato, que guardes el mandamiento sin mácula ni represión, hasta la aparición de nuestro Señor Jesucristo, la cual a su tiempo mostrará el bienaventurado y solo Soberano, **Rey de reyes**, y Señor de señores, el único que tiene inmortalidad, que habita en luz inaccesible; a quien ninguno de los hombres ha visto ni puede ver, al cual sea la honra y el imperio sempiterno. Amén."*

Salmos 24:1,2 – *"De **Jehová es la tierra** y su plenitud; el mundo, y los que en él habitan. Porque él la fundó sobre los mares, y la afirmó sobre los ríos."*

Efesios 6:5-8 – *"Siervos, obedeced a vuestros amos terrenales con temor y temblor, con sencillez de vuestro corazón, como a Cristo; no sirviendo al ojo, como los que quieren agradar a los hombres, sino **como siervos de Cristo**, de corazón haciendo la voluntad de Dios; sirviendo de buena voluntad, como al Señor y no a los hombres, sabiendo que el bien que cada uno hiciere, ése recibirá del Señor, sea siervo o sea libre."*

1 Tesalonicenses 2:3,4 – *"Porque nuestra exhortación no procedió de error ni de impureza, ni fue por engaño, sino que según fuimos aprobados por Dios para que se nos confiase el evangelio, así hablamos;* **no como para agradar a los hombres, sino a Dios**, *que prueba nuestros corazones."*

Administradores del Reino

El próximo punto que deseo enfatizar, tomado de nuestro pasaje central, es el principio bíblico de administración. La parábola relata que; *"A uno dió cinco talentos, y a otro dos, y a otro uno, a cada uno conforme a su capacidad"* (versículo 15). Vemos aquí, que estos trabajadores recibieron sus talentos del patrón o dueño del negocio y fueron encomendados a administrarlos. El principio que vemos aquí es que los talentos que tenían estos hombres fueron recibídos de su *jefe* y como resultado a esto, no tenían la autoridad de usarlo a su manera ya que aquel el cual los entregó iba a regresar para llamarlos a cuento. Esto significa, que los labradores no eran dueños de sus talentos sino, administradores de las posesiones que les fueron dadas.

Este, es el principio de administración en el reino de Dios. Ya hemos aprendido, que Jesús es el rey del reino y que de Dios *"es la tierra y su plenitud; el mundo, y los que en él habitan"* (Salmos 24:1). Entonces, si Dios es el dueño de todo lo que está en, el mundo, los talentos e posesiones que tenemos, nos han sido dados por Dios. Lo que ha sido dado por Dios es de Dios y no de nosotros. Entonces, podemos afirmar que no somos dueños de nada aquí en la tierra y que somos simplemente, administradores de lo que le pertenece a Dios. Esto, es sumamente importante para el discípulo que desea usar sus habilidades (o dones) en su casa, la iglesia o la comunidad. Debemos trabajar como administradores del reino y no como dueños. ¡Cuando poseemos esta mentalidad, entonces vamos a usar todo lo que tenemos según la aprobación del rey, bajo la dirección del rey y para la gloria del rey! El discípulo de Jesús, debe vivir con esta realidad todos los días de su vida. Tenemos un rey y él nos ha entregado dones e posesiones con el fin de ser usados conforme a su voluntad y para su gloria y no la nuestra. Es cierto que tendremos el privilegio de disfrutar de todo lo que Dios nos ha puesto en nuestras manos, pero no vamos a caer en el error de la independencia, orgullo y egoísmo. Lo que tenemos, lo hemos recibido de Dios y esto nos cualifica como administradores:

1 Corintios 4:1,2 – *"Así, pues, téngannos los hombres por servidores de Cristo, y **administradores** de los misterios de Dios. Ahora bien, se requiere de los administradores, que cada uno sea hallado fiel."*

Tito 1:7-9 – *"Porque es necesario que el obispo sea irreprensible, como **administrador de Dios**; no soberbio, no iracundo, no dado al vino, no pendenciero, no codicioso de ganancias deshonestas, sino hospedador, amante de lo bueno, sobrio, justo, santo, dueño de sí mismo, retenedor de la palabra fiel tal como ha sido enseñada, para que también pueda exhortar con saña enseñanza y convencer a los que contradicen."*

1 Corintios 6:20 – *"Porque habéis sido comprados por precio; **glorificad, pues**, a Dios en vuestro cuerpo y en vuestro espíritu, **los cuales son de Dios."***

Talentos

Tomando otro vistazo al versículo quince de nuestro pasaje central, podemos ver que el patrón entregó a cada labrador por lo menos, un talento. Como administradores del Rey, estamos haciendo capacitados para el cumplimiento de sus propósitos. Esta capacidad, viene por los talentos que Él ha entregado a cada uno de sus seguidores. Con esto, podemos declarar que Dios nos ha dado, a cada uno de nosotros, un talento. Cuando analizamos la palabra "talento," en el lenguaje original, (*talanton*) descubrímos que era una cantidad de dinero que les fue entregada "conforme a su capacidad."[3] Para aplicar esto hoy debemos entender que el talento que Dios entrega a cada uno de sus seguidores no es necesariamente dinero (aunque él es el que nos prospéra) sino la *capacidad* de trabajar o ministrar. Esto, es lo que llamamos los *dones* de Dios y estarémos estudiando ésto en las lecciones que siguen. En este contexto, podemos hacer estas declaraciones:

❖ Todos tenemos por lo menos, un talento

❖ Un Talento representa nuestras habilidades, recursos, nuestro tiempo y las oportunidades que Dios nos ha dado para cumplir sus propósitos, aquí en la tierra.

❖ Cada uno recibe talentos según su capacidad

❖ No todos tienen la misma capacidad

---

[3] James Strong, *Strong's exhaustive concordance.*

❖ Todos los que son seguidores de Jesús deben estar activos sirviendo en la iglesia

Los pasajes bíblicos que siguen abundan más sobre el tema:

1 Pedro 4:10,11 – *"Cada uno según el don que ha recibido, minístrelo a los otros, como buenos administradores de la multiforme gracia de Dios. Si alguno habla, hable conforme a las palabras de Dios; si alguno ministra, ministre conforme al poder que Dios da, para que en todo sea Dios glorificado por Jesucristo, a quien pertenecen la gloria y el imperio por los siglos de los siglos. Amén."*

1 Corintios 7:7 – *"Quisiera más bien que todos los hombres fuesen como yo; pero cada uno tiene su propio don de Dios, uno a la verdad de un modo, y otro de otro."*

Efesios 4:7,8 – *"Pero a cada uno de nosotros fue dada la gracia conforme a la medida del don de Cristo. Por lo cual dice: Subiendo a lo alto, llevó cautiva la cautividad, Y dio dones a los hombres."*

Expandiendo el Reino

Ya que hemos entendido que tenemos un talento dado por Dios, tenemos la oportunidad de usar lo que nos fue dado para la expansión de Su reino. En la parábola que estamos estudiando, todos los labradores tomaron su talento, hicieron negocio con él y multiplicaron lo que tenían para el crecimiento del negocio de su patrón, con la excepción del último; *"Y el que había recibido cinco talentos fue y negoció con ellos, y ganó otros cinco talentos. Asímismo, el que había recibido dos, ganó también otros dos. Pero el que había recibido uno fue y cavó en la tierra, y escondió el dinero de su señor."* (Mateo 25:16-18). Este versículo, enseña sobre la gran responsabilidad que hemos recibido de parte de nuestro Señor, de ser productivos con todo lo que él ha puesto en nuestras manos. También, podemos ver en el ejemplo del obrero que escondió su talento, la tentación que tenemos como seres humanos de ir en contra de la palabra de Dios y forjar nuestro propio camino el cual nos puede llevar a la destrucción. Si analizamos la parábola entera, descubriremos algunos posibles factores que contribuyeron a la desobediencia de este último obrero:

Mal concepto de su señor – *"Pero llegando también el que había recibido un talento, dijo: Señor, te conocía que eres hombre duro, que siegas donde no sembraste y recoges donde no esparciste" (versículo 24).*

El temor – *"Por lo cual tuve miedo" (versículo 25a).*

La vagancia – *"Fui y escondí tu talento en la tierra; aquí tienes lo que es tuyo" (versículo 25b).*

La negligencia – *"Respondiendo su señor, le dijo: Siervo malo y negligente." (versículo 26ª)*

Esta responsabilidad que Dios ha dado a todos sus seguidores de trabajar en su viña para que sea multiplicada es un reto serio. Esta doctrina era repetida varias veces en los evangelios de Jesús. Por ejemplo, cuando el enseña sobre buenos frutos está hablando (por lo menos en parte) sobre el llamado del discípulo a tomar el don que Dios le ha dado y multiplicarlo, para la gloria del reino de Cristo. Vemos esto, en el evangelio según San Juan: *"No me elegisteis vosotros a mí, sino que yo os elegí a vosotros, y os he puesto para que vayáis y llevéis fruto, y vuestro fruto permanezca; para que todo lo que pidiereis al Padre en mi nombre, él os lo dé"* (15:16). En este pasaje, Jesús comunica este principio explicándoles claro su propósito; *"yo os elegí a vosotros, y os he puesto para que vayáis y **llevéis fruto**."* Como discípulos de Jesús, debemos estar motivados a usar los dones que Dios nos ha dado para la expansión de Su reino y no para nuestra propia vanagloria. También, debemos ser diligentes en huir de las tentaciones carnales mencionadas arriba que pelean en contra de la palabra de Dios, tratando de desviarnos del camino correcto y del servicio honorable del Señor Jesús pues escrito esta; *"Así también vosotros, hermanos míos, habéis muerto a la ley mediante el cuerpo de Cristo, para que seáis de otro, del que resucitó de los muertos, a fin de que llevemos fruto para Dios"* (Romanos 7:4). *"Para que andéis como es digno del Señor, agradándole en todo, llevando fruto en toda buena obra, y creciendo en el conocimiento de Dios"* (Colosenses 1:10).

Nuestro trabajo será juzgado

El último punto que deseo comunicar en el estudio de la parábola de los talentos, es sobre el juicio divino. El pensamiento del juicio divino está revelado en la biblia entera. Este principio bíblico, enseña que nuestro trabajo en el reino será juzgado o analizado un día por el mismo rey Jesús. Nuestro pasaje central confirma esto en el versículo diecinueve: *"Después de mucho tiempo vino el señor de aquellos siervos, y arregló cuentas con ellos."* El primer componente relacionado con el juicio divino es el factor del tiempo. El autor registra la frase "después de *muchos* días" para enfatizar esto. Este énfasis en *mucho* tiempo es fundamental y nos enseña dos sub-puntos esenciales sobre el factor del tiempo en el juicio divino. En primer lugar, el tiempo extendido facilita arrepentimiento. Podemos ver en nuestro pasaje central que el patrón dió suficiente tiempo al obrero malo para arrepentirse. Es razonable pensar, que como los obreros recibieron los talentos juntos, se conocieron el uno al otro y vivían o trabajaban en la misma región. Si esto es cierto, entonces, el esfuerzo de los obreros buenos era un testimonio para el obrero malo. Sin embargo, la convicción del trabajo de aquellos obreros no fue suficiente para cambiar la mente del hombre vago. Con todo, como Dios es amor y justo, (El patrón representa a Jesús), este hombre recibió suficiente tiempo, de Dios, para cambiar. El apóstol Pedro confirmó esto cuando escribió: *"El Señor no retarda su promesa, según algunos la tienen por tardanza, sino que es paciente para con nosotros, no queriendo que ninguno perezca, sino que todos procedan al arrepentimiento" (2 Pedro 3:9).*

El segundo sub-punto sobre el factor del tiempo es el peligro del olvido. Existe la posibilidad de que el obrero malo pensó que el patrón se tardaba en venir porque se olvidó o cambió de mente. Debemos notar, que el pasaje no enseña esto directamente, pero, es una posibilidad basada sólo en la naturaleza pecaminosa del hombre y las artimañas del enemigo. Cuando estudiamos la esencia del ser humano, entendemos que él o ella son capaces de olvidar (intencional o no-intencionalmente), sus responsabilidades ya, que nuestra naturaleza es pecaminosa. Cuando nuestro olvido es intencional, nos estamos engañando a nosotros mismos y el enemigo puede segarnos a la realidad del juicio divino. Considere lo siguiente: *"Si decimos que no tenemos pecado, nos **engañamos** a nosotros mismos, y la verdad no está en nosotros" (1 Juan 1:8).* Es por eso que el apóstol Santiago nos exhorta a ser *"hacedores de la palabra, y no tan solamente oidores, **engañándoos a vosotros mismos**. Porque, si alguno es oidor de la palabra pero no hacedor de ella, éste es semejante al hombre que considera en un espejo su rostro natural. Porque él se considera a sí mismo, y se va, y **luego olvida cómo era"** (1:22-24).* Cuando nuestro olvido no es intencional, podemos estar seguros de que Dios enviará a alguien en nuestro camino para despertarnos de nuestro sueño espiritual, con el fin de provocarnos al arrepentimiento.

El segundo componente del juicio divino, es el principio de "arreglar cuentas." El discípulo necesita entender que la justicia de Dios actúa de tal forma que él no puede contar inocente a aquel que es culpable. Entendemos, pues, que, aunque Dios se "tarda" (dando tiempo para el arrepentimiento) él siempre llega. Este fue el caso del obrero malo en nuestra parábola. El patrón regresó, recompensó a los fieles y castigó a aquel que era infiel. Esto revela dos componentes o sub-puntos del principio de arreglar cuentas. El primero, es la recompensa de los justos y el segundo, es el juicio final de los incrédulos. La biblia enseña que los que creen en el Señor Jesucristo serán recompensados y recibídos con gozo en el reino de los cielos y los que no creen en él, sea por hechos o confesión, sufrirán una condenación eterna. Los versículos abajo confirmarán esta realidad:

2 Corintios 5:10 – *"Porque es necesario que todos nosotros comparezcamos ante el tribunal de Cristo, para que cada uno reciba según lo que haya hecho mientras estaba en el cuerpo, sea bueno o sea malo."*

Romanos 14:10-12 – *"Pero tú, ¿por qué juzgas a tu hermano? O tú también, ¿por qué menosprecias a tu hermano? Porque todos compareceremos ante el tribunal de Cristo. Porque escrito está: Vivo yo, dice el Señor, que ante mí se doblará toda rodilla, Y toda lengua confesará a Dios. De manera que cada uno de nosotros dará a Dios cuenta de sí."*

Hechos 17:30,31 – *"Pero Dios, habiendo pasado por alto los tiempos de esta ignorancia, ahora manda a todos los hombres en todo lugar, que se arrepientan; por cuanto ha establecido un día en el cual **juzgará al mundo** con justicia, por aquel varón a quien designó, dando fe a todos con haberle levantado de los muertos."*

2 Pedro 2:4-10 – *"Porque si Dios no perdonó a los ángeles que pecaron, sino que arrojándolos al infierno los entregó a prisiones de oscuridad, para ser reservados al juicio; y si no perdonó al mundo antiguo, sino que guardó a Noé, pregonero de justicia, con otras siete personas, trayendo el diluvio sobre el mundo de los impíos; y si condenó por destrucción a las ciudades de Sodoma y de Gomórra, reduciéndolas a ceniza y poniéndolas de ejemplo a los que habían de vivir impíamente, y libró al justo Lot, abrumado por la nefanda conducta de los malvados (porque este justo, que moraba entre ellos, afligía cada día su alma justa, viendo y oyendo los hechos inicuos de ellos), sabe el Señor librar de tentación a los piadosos, y **reservar a los injustos para ser castigados en el día del juicio;** y mayormente a aquellos que, siguiendo la carne, andan en concupiscencia e inmundicia, y desprecian el señorío."*

Como discípulo de Jesucristo, Dios te ha entregado un ministerio de suma importancia para la expansión del reino de Dios. Para lograr esto, necesitas aprender a vivir una vida sometida al rey Jesús y los líderes que él ha puesto sobre tu vida. Debes alistárte para reconocer y recibir los dones que

Dios te ha dado, con el fin de multiplicarlos para el crecimiento de Su reino. Y, sobre todo, no te olvides de vivir una vida santa e íntegra delante de Dios y el mundo. Tu recompensa celestial está conectada con la fidelidad de tu trabajo terrenal. Todo tu trabajo y vida será juzgado un día y aunque aparentemente la venida del Señor se ha tardado, vendrá y no tardará y su recompensa traerá con él.

Los Dones de Dios

"Principios básicos de los dones funcionales"

Los dones de Dios son las habilidades, talentos o regalos que Él ha dado a su iglesia para el cumplimiento de sus propósitos.

Ya que hemos estudiado los conceptos fundamentales del llamado que tenemos a servir y los principios esenciales de la iglesia de Jesucristo, podemos dedicar la segunda mitad de nuestro currículo estudiando los dones que Dios ha dado a la iglesia y así, podrás descubrir y desarrollar los dones que Dios ha puesto en ti.

Para el bienestar de nuestro estudio y para hallar un conocimiento claro y un entendimiento amplio en ese tópico, hemos dividido los dones de Dios en tres categorías; dones espirituales, dones serviciales y dones ministeriales. Hemos dedicado una lección para cada categoría (lecciones 7, 8, y 9) así que, no vamos a entrar en muchos detalles en este punto de esta lección; sólo vamos a dar una breve explicación de cada categoría y cubrir lo demás en las lecciones que siguen.

Los *dones espirituales* son manifestaciones del Espíritu Santo en y a través del discípulo de Jesucristo. Estos dones se pueden manifestar en cualquier momento siempre y cuando, el creyente esté disponible, dispuesto y lleno del Espíritu Santo. Estaremos usando el capítulo doce de la primera epístola a los

Corintios, para estudiar esta categoría de los dones de Dios en la próxima lección. Los *dones serviciales* son dados a los seguidores de Jesús y sirven para motivar a los creyentes de la iglesia y para apoyar la misión general de la iglesia. Aunque, todos los dones de Dios son dados para el servicio del ministerio de la iglesia, los que poseen estos tipos de dones sobresalen en su dedicación y esfuerzo para la obra de Reino de Dios. Estaremos usando el capítulo doce de la epístola a los Romanos, como base para estudiar esta categoría de los dones de Dios en la lección número ocho. Los *dones ministeriales* son dados a los que son llamados a ser líderes de la iglesia de Jesucristo, con el fin de edificar y equipar el cuerpo de Jesús para la obra del ministerio. Los líderes que poseen estos dones, han pasado por el proceso de la madurez espiritual, tienen un carácter Cristo Céntrico y muestran una vida irreprensible dentro y fuera de la iglesia. Estaremos usando el capítulo cuatro de la epístola a los Efesios, como base del estudio de esta categoría de los dones de Dios en la lección número nueve. Ya que tenemos una base fundamental de los diferentes tipos de dones que Dios ha dado a la iglesia, vamos a estudiar los principios de estos dones y así, entender cómo funcionan en la vida práctica del creyente y de la iglesia.

El don mayor

Para comenzar, debemos entender que el amor es la base fundamental donde todos los dones de Dios deben funcionar. El apóstol Pablo, enfatíza este punto al final de su gran discurso de los dones espirituales diciendo; *"Yo os muestro un camino aún más excelente" (1 Corintios 12:31).* Y ¿Cuál fue el camino más excelente que él les mostró? La preeminencia del amor. El apóstol, dedica un capítulo entero explicando que el amor es el don mayor a través del cual todos los demás dones fluyen. Es sumamente importante, que, como discípulo de Jesucristo, entiendas que los dones que Dios te ha dado no funcionan adecuadamente a menos, que tú los ministres con amor. Antes de que entiendas cualquier otra cosa sobre los dones, debes saber que fueron creados por Dios para ser usados con amor. Los pasajes que siguen confirmarán esto:

1 Corintios 13:1-3 – *"Si yo hablase lenguas humanas y angélicas, y no tengo amor, vengo a ser como metal que resuena, o címbalo que retiñe. Y si tuviese profecía, y entendiese todos los misterios y toda ciencia, y si tuviese toda la fe, de tal manera que trasladase los montes, y no tengo amor, nada soy. Y si repartiese todos mis bienes para dar de comer a los pobres, y si entregase mi cuerpo para ser quemado, y no tengo amor, de nada me sirve."*

Gálatas 5:6, 22 – *"Porque en Cristo Jesús ni la circuncisión vale algo, ni la incircuncisión, sino la fe que obra por el amor… Mas el fruto del Espíritu es amor, gozo, paz, paciencia, benignidad, bondad, fe."*

Efesios 5:2 – *"Y andad en amor, como también Cristo nos amó, y se entregó a sí mismo por nosotros, ofrenda y sacrificio a Dios en olor fragante."*

Colosenses 3:14 – *"Y sobre todas estas cosas vestíos de amor, que es el vínculo perfecto."*

La Pasión

Un principio esencial para recibir los dones de Dios, es la pasión. Los dones de Dios deben ser anhelados por el discípulo que desea ser usado por Dios. La biblia, nos exhorta a; *"Seguir el amor; y procurar los dones espirituales. Así también vosotros; pues que anheláis dones espirituales, procurar abundar en ellos para edificación de la iglesia"* *(1 Corintios 14:1, 12).* Todo aquel que quiere jugar un papel activo en la edificación de la iglesia, necesita entender cuál es la tarea que Dios le ha dado en su Reino. Para poder entender esta tarea, necesitas conocer el don que Dios te ha dado; y antes que conozcas ese don, necesitas estar abierto para recibirlo y para eso, necesitas pasión. La verdad del caso, es que el que no lo busca, no encuentra, pero, aquel que busca ciertamente, lo encontrará pues, escrito está; *"Pedid, y se os dará; buscad, y hallaréis; llamad, y se os abrirá. Porque todo aquel que pide, recibe; y el que busca, halla; y al que llama, se le abrirá"* *(Mateo 7:7,8).*

Entonces, la pasión espiritual es un principio esencial para el ejercicio de los dones de Dios, pero en esto hay un peligro. El riesgo en esto, es que la pasión del discípulo por ser usado por Dios no sea balanceada con la pasión por Dios. La motivación de poseer un don, debe fluir de un corazón que ama a Dios tanto, que le quiera servir y obedecer. Sin embargo, cuando trabajamos tanto en el servicio cristiano que olvidamos al Cristo que no dio el don y el llamado, estamos en territorio peligroso. Esto fue lo que le pasó con la iglesia en Éfeso; *"Yo conozco tus obras, y tu arduo trabajo y paciencia; y que no puedes soportar a los malos, y has probado a los que dicen ser apóstoles, y no lo son, y los ha hallado mentirosos...Pero tengo contra ti, que has dejado tu primer amor. Recuerda, por tanto, de dónde has caído, y arrepiéntete, y haz las primeras obras; pues si no, vendré pronto a ti, y quitaré tu candelero de su lugar, si no te hubieres arrepentido"* (Apocalipsis 2:2,4, 5). Para evitar esta tentación debemos cultivar primero nuestra relación espiritual con el Padre sobre todas las cosas. Los versículos abajo, nos exhortarán a mantener esa pasión para Dios primero. Entonces, la pasión que fluye para Dios, fluirá también para el pueblo de Dios:

Isaías 26:9 – *"Con mi alma te he deseado en la noche, y en tanto que me dure el espíritu dentro de mí, madrugaré a buscarte; porque luego que hay juicios tuyos en la tierra, los moradores del mundo aprenden justicia."*

Salmos 63:1,2 – *"Dios, Dios mío eres tú; De madrugada te buscaré; Mi alma tiene sed de ti, mi carne te anhela, En tierra seca y árida donde no hay aguas, Para ver tu poder y tu gloria, Así como te he mirado en el santuario."*

Lucas 6:21 – *"Bienaventurados los que ahora tenéis hambre, porque seréis saciados. Bienaventurados los que ahora lloráis, porque reiréis."*

Los dones son irrevocables

El próximo principio que debes entender es que los dones de Dios son irrevocables. Eso significa que Dios no le quita lo que le regala. Para poder entender este principio claramente presta atención a esta declaración del apóstol Pablo en su carta a los Romanos: *"Porque irrevocables son los dones y el llamado de Dios" (11:29)*. En primer lugar, considera el contexto de este pasaje pues, en el mismo el apóstol, está hablando sobre la restauración de Israel. Él explica, que aunque ellos endurecieron sus corazones y rechazaron a Jesús como el Mesías, Dios todavía tenía planes con ellos. Por lo cual, según Pablo, su elección es un don dado a ellos por Dios y es irrevocable. Es importante notar también, que la palabra que el apóstol usa aquí para *don* (carisma) es la misma palabra que el usa en (1 Corintios 12:1) y en (Romanos 12:6) sobre los dones espirituales y serviciales. Así que, como discípulo puedes estar seguro de que lo que Dios te ha dado, nadie te lo puede quitar. Esta confianza debe producir en tí la disciplina para desarrollar el don de Dios y la humildad para servir a todos los que Dios pone a tu alcance.

Una de las cosas que debemos considerar en cuanto a esto es lo siguiente; Aunque Dios no quita lo que te regala, los dones de Dios pueden ser descuidados de tal manera, que ya no tienen el mismo efecto que tenían antes. Hay varias razones por las cuales esto puede suceder. Quizás, el fuego del primer amor del discípulo, como mencionamos arriba, se ha apagado y ya no tiene la misma pasión que tenía antes. O, quizás, el pecado a infiltrado su armadura espiritual y el Espíritu Santo se ha contristado en él. Cualquiera que sea la razón, debemos de cultivar y no descuidar los dones que Dios nos ha regalado. Es por eso que, Timoteo fue exhortado por su padre espiritual de cuidar lo que Dios le había dado. Porque, aunque los dones son irrevocables, también pueden ser inefectivos. Escuchen; *"No descuides el don que hay en ti, que te fue dado mediante profecía con la imposición de las manos del presbítero. Ocúpate en estas cosas; permanece en ellas, para que tu aprovechamiento sea manifiesto a todos"* (1 Timoteo 4:14, 15).

Los dones deben ser probados

El último punto que debemos revisar, antes de concluir tiene que ver con el principio del proceso de rendir cuentas como manda la biblia. Desafortunadamente, hay algunos creyentes que tienen la idea equivocada de que su don les hace intocables. No se sienten las responsabilidades de estar sometídos a la autoridad de la iglesia pues, declaran que son los ungídos de Dios y no hay nadie que les puede cuestionar. Sin embargo, la biblia establece claro que cada persona que ejerce un don dentro del Reino de Dios, debe ser supervisada y su trabajo u obra espiritual está sujeto a ser juzgado por los líderes y miembros de la iglesia de Jesucristo. Por ejemplo, los que profetizan en la iglesia son llamados a ser supervisados no sólo por el Pastor de la grey sino, también por otros profetas dentro de la misma iglesia (1 Corintios 14:29). Así mismo, el apóstol Pablo enseña a la iglesia en Tesalónica, que no deben menospreciar las *profecías* sino, que deben *examinadlo todo* pero *retened* solo lo *bueno* (1 Tesalonicenses 5:20, 21). Esto significa, que los que ejércen dones deben ser probados. En otras palabras, cualquier discípulo que minístra, está bajo la prueba del Pastor y otros líderes espirituales de la iglesia. Nadie puede decir que sus palabras o ministerio está exénto de ser juzgado porque declaran que Dios les dirigió o que Dios les habló. Cuando Dios habla y Dios dirige esa comunicación y dirección será confirmada por otros ministros maduros del Reino.

La biblia nos da el ejemplo de los creyentes en Berea que escudriñaron las escrituras para ver si las enseñanzas del apóstol Pablo estaban de acuerdo con la palabra de Dios (Hechos 17:10-15). También el apóstol Pedro, fue examinado y reprendido por otro apóstol pues mostró ciertos frutos de favoritísmo con los judíos (Gálatas 2:11-14). Si la vida y ministerio de los primeros apóstoles de Jesucristo fueron probados por otros líderes espirituales, nuestros dones y ministerios deberán ser probados también. A menos que pensémos que somos mayores que los que establecieron el fundamento apostólico de la iglesia de Jesucristo.

<u>1 Juan 4:1</u> – *"Amados, no creáis a todo espíritu, sino probad los espíritus si son de Dios; porque muchos falsos profetas han salido por el mundo."*

<u>2 Timoteo 3:1-5</u> – *"También debes saber esto: que en los postreros días vendrán tiempos peligrosos. Porque habrá hombres amadores de sí mismos, avaros, vanagloriosos, soberbios, blasfemos, desobedientes a los padres, ingratos, impíos, sin afecto natural, implacables, calumniadores, intemperantes, crueles, aborrecedores de lo bueno, traidores, impetuosos, infatuados, amadores de los deleites más que de Dios, que tendrán apariencia de piedad, pero negarán la eficacia de ella; a éstos evita."*

Como discípulo de Jesucristo, debes saber que Dios desea usarte poderosamente, para ser luz en las tinieblas y sal en un mundo pagáno y corrupto. A cada uno de nosotros, él nos ha dado por lo menos, un don y una comisión. Procura, en descubrir cuál es el llamado que Dios te ha dado y comienza a perfeccionar los dones que hay en ti con amor y pasión. Recuerda siempre que lo que Dios te dió es tuyo para siempre, pero necesitas cultivarlo diariamente, sino, serás inefectivo y sin fruto. Mientras te mantienes activo en el servicio del Señor, Dios seguirá perfeccionando el don en tí y eso significa, que tus líderes espirituales o tus colégas en el ministerio en cualquier momento, pueden intentar confrontarte o corregir algo, que, según ellos, está mal. Debes saber, que tal acto puede ser saludable para tí y tu ministerio siempre y cuando se haga en él espíritu del amor de Cristo y las motivaciones de la persona que te está confrontando están en orden (aunque a veces esto es difícil de discernir). Sobre todo, procura con todo tu corazón, mantener una vida íntima con nuestro maestro pues, junto a él podrás conquistar al mundo en que vives.

Los Dones Espirituales

"Los dones del Espíritu"

1 Corintios 12

Hasta este momento, hemos estudiado sobre el propósito de la iglesia de Jesucristo para entender los planes que nuestro maestro tiene con su iglesia y para comprender cómo ella debe funcionar dentro y fuera de sus paredes. En el último capítulo, hablamos brevemente sobre las tres categorías de los dones de Dios. En esta lección, vamos a profundizar en la primera de esas tres la cual es el estudio de los dones del Espíritu. La base de nuestro estudio será tomada de la primera carta a los Corintios capítulo doce. Tome un minuto para leer el capítulo por completo.

Los *dones espirituales* son la manifestación sobrenatural que el Espíritu de Dios imparte sobre la vida del creyente para exhibir o expresar su poder, bendición o propósito a otra persona. El creyente no sabe cuándo el Espíritu Santo se manifestará en él para bendecir a otros de modo, que tiene que estar disponible y a la disposición de Dios en el momento necesario. Lo que sigue, es una lista de nueve dones espirituales que el apóstol Pablo describe en su carta a los Corintios, cuya iglesia, el mismo fundó.

Los Dones del Espíritu

Antes de profundizarnos al estudio de los dones espirituales, debemos entender que, aunque, hay diversidad de dones hay solo un Espíritu (versículo 4,11). Esto significa, que la ministración de estos dones debe traer unidad a la iglesia y no división. También, nos enseña que ningún don es mayor que el otro por lo cual, no debe haber competencia en la iglesia. Los dones del Espíritu han sido dados a los creyentes con el fin de edificar, unir y bendecir la iglesia del Señor Jesús.

Palabra de Sabiduría

El primer don mencionado por el apóstol Pablo, es el don de la palabra de sabiduría. El versículo 8ª dice, *"porque a éste es dada por el Espíritu palabra de sabiduría."* Es la inquietud del Espíritu Santo en el creyente capacitándolo para hablar con sabiduría la palabra de Dios, aplicándola a una situación específica. También, es una gracia especial de hablar con sabiduría. Esto es más que una sabiduría humana, es una sabiduría divina dirigida por el Espíritu de Dios. En algunas ocasiones, el don de sabiduría, es usado para compartir un mensaje especial de parte del Espíritu de Dios a un creyente a través de otro creyente:

Juan 8:2-9 – *"Y como insistieran en preguntarle, se enderezó y les dijo: El que de vosotros esté sin pecado sea el primero en arrojar la piedra contra ella. E inclinándose de nuevo hacia el suelo, siguió escribiendo en tierra. Pero ellos, al oír esto, acusados por su conciencia, salían uno a uno, comenzando desde los más viejos hasta los postreros; y quedó solo Jesús, y la mujer que estaba en medio."*

Hechos 6: 3,10 – *"Buscad, pues, hermanos, de entre vosotros a siete varones de buen testimonio, llenos del Espíritu Santo y de sabiduría, a quienes encarguemos de este trabajo...Pero no podían resistir a la sabiduría y al Espíritu con que hablaba."*

Hechos 15:12-21 – *"Entonces, toda la multitud calló, y oyeron a Bernabé y a Pablo, que contaban cuán grandes señales y maravillas había hecho Dios por medio de ellos entre los gentiles. Y cuando ellos callaron, Jacobo respondió diciendo: Varones hermanos, oídme..."*

Palabra de Ciencia

El próximo don esta mencionado en la segunda parte del versículo 8 (8b); *"A otro, palabra de ciencia según el mismo Espíritu"*. La palabra de ciencia, es la revelación del Espíritu Santo en el creyente que le hace saber algo sobre una persona, una circunstancia o una verdad bíblica. Se distingue del don de sabiduría ya que la palabra de ciencia no es adquirida a través de un recurso de educación humano sino, es una revelación del Espíritu de Dios (La palabra de sabiduría es la aplicación del conocimiento adquirido). En otras palabras, el don de ciencia no viene del conocimiento humano sino, como resultado del conocimiento divino:

Juan 1:47,48 – *"Cuando Jesús vio a Natanael que se le acercaba, dijo de él: He aquí un verdadero israelita, en quien no hay engaño. Le dijo Natanael: ¿De dónde me conoces?*

Respondió Jesús y le dijo: Antes que Felipe te llamara, cuando estabas debajo de la higuera, te vi."

<u>2 Samuel 12:1-15</u> – *"Entonces dijo Natán a David: Tú eres aquel*

hombre. *Así ha dicho Jehová, Dios de Israel: Yo te ungí por rey sobre Israel, y te libré de la mano de Saúl, y te di la casa de tu señor, y las mujeres de tu señor en tu seno; además te di la casa de Israel y de Judá; y si esto fuera poco, te habría añadido mucho más. ¿Por qué, pues, tuviste en poco la palabra de Jehová, haciendo lo malo delante de sus ojos? A Urías heteo heriste a espada, y tomaste por mujer a su mujer, y a él lo mataste con la espada de los hijos de Amón. . ."*

<u>Hechos 5:1-11</u> – *"Y dijo Pedro: Ananías, ¿por qué llenó Satanás tu corazón para que mintieses al Espíritu Santo, y sustrajeses del precio de la heredad? 4Reteniéndola, ¿no se te quedaba a ti? y vendida, ¿no estaba en tu poder? ¿Por qué pusiste esto en tu corazón? No has mentido a los hombres, sino a Dios. . ."*

Don de Fe

La primera mitad del versículo nueve de nuestro pasaje central dice que, *"A otro, fe por el mismo Espíritu"*. La fe, es un don sobrenatural dado por el Espíritu Santo, al creyente, capacitándole para creer en aquello que parece ser imposible. Esta fe, no es igual a la fe salvadora que cada creyente necesita poseer para ser parte del Reino de Dios. El don de fe capacita al creyente de tal forma, que él puede motivar a otros creyentes para ayudarles a seguir creyendo y venciendo las pruebas o dificultades en sus vidas. Los que ejercen este don tienen la capacidad de recibir la visión de Dios y trabajar con él hasta que sea cumplida:

Mateo 14:28,29 – *"Entonces le respondió Pedro, y dijo: Señor, si eres tú, manda que yo vaya a ti sobre las aguas. Y él dijo: Ven. Y descendiendo Pedro de la barca, andaba sobre las aguas para ir a Jesús."*

1 Corintios 13:2 – *"Y si tuviese profecía, y entendiese todos los misterios y toda ciencia, y si tuviese toda la fe, de tal manera que trasladase los montes, y no tengo amor, nada soy."*

Santiago 5:14, 15 – *"¿Está alguno enfermo entre vosotros? Llame a los ancianos de la iglesia, y oren por él, ungiéndole con aceite en el nombre del Señor. Y la oración de fe salvará al enfermo, y el Señor lo levantará; y si hubiere cometido pecados, le serán perdonados."*

Don de Sanidad

Los dones de sanidad, mencionado por el apóstol Pablo en la segunda mitad del versículo nueve, habla de una unción especial en el creyente, que le da el poder de restaurar la salud de alguien enfermo. El apóstol Pablo, menciona aquí *"dones de sanidades."* Esto significa, que hay varias maneras de administrar sanidad y varias maneras de recibir sanidad. Por ejemplo, la persona que está ministrando bajo la unción del don de sanidad, puede poner su mano sobre el enfermo, puede declarar sanidad sobre el enfermo o puede ungirle con aceite. Estas, son las diferentes maneras de administrar sanidad divina. La persona puede recibir sanidad física, emocional y espiritual.

Esto se refiere, a las diferentes maneras de recibir sanidad. Algunos maestros, incluyen la ciencia de la medicina en esta categoría de dones espirituales. Nosotros, rechazamos esa posición, aunque, creemos en la sanidad a través de las medicinas y entendémos que fué Dios quien les dio a los doctores la habilidad de administrarla científicamente. Sin embargo, es nuestra posición la cual, el contexto de este pasaje confirma y a la cual el apóstol Pablo se refiere en una capacidad espiritual, la cual no fué aprendida en un salón o en una institución:

<u>Hechos 3:1-8</u> – *"Mas Pedro dijo: No tengo plata ni oro, pero lo que tengo te doy; en el nombre de Jesucristo de Nazaret, levántate y anda. Y tomándole por la mano derecha le levantó; y al momento se le afirmaron los pies y tobillos; y saltando, se puso en pie y anduvo; y entró con ellos en el templo, andando, y saltando, y alabando a Dios".*

<u>Hechos 9:17,18</u> – *"Fue entonces Ananías y entró en la casa, y poniendo sobre él las manos, dijo: Hermano Saulo, el Señor Jesús, que se te apareció en el camino por donde venías, me ha enviado para que recibas la vista y seas lleno del Espíritu Santo. Y al momento le cayeron de los ojos como escamas, y recibió al instante la vista; y levantándose, fue bautizado."*

<u>Hechos 14:8-10</u> – *"Y cierto hombre de Listra estaba sentado, imposibilitado de los pies, cojo de nacimiento, que jamás había andado. Este oyó hablar a Pablo, el cual, fijando en él sus ojos, y viendo que tenía fe para ser sanado, dijo a gran voz: Levántate derecho sobre tus pies. Y él saltó, y anduvo."*

Don de Milagros

El versículo diez dice que algunos creyentes han recibido el don de *"el hacer milagros"* que habla de un poder sobrenatural, dado al creyente por el Espíritu Santo, que le capacita para alterar las leyes naturales, incluyendo, la represión de demonios. La demostración de este poder milagroso exalta el nombre de Dios, promoviendo una experiencia de salvación en el incrédulo y aumenta la fe de los creyentes:

Hechos 6:8 – *"Y Esteban, lleno de gracia y de poder, hacía grandes prodigios y señales entre el pueblo. "*

Hechos 8:5-8 – *"Entonces Felipe, descendiendo a la ciudad de Samaria, les predicaba a Cristo. Y la gente, unánime, escuchaba atentamente las cosas que decía Felipe, oyendo y viendo las señales que hacía. Porque de muchos que tenían espíritus inmundos, salían éstos dando grandes voces; y muchos paralíticos y cojos eran sanados; así que había gran gozo en aquella ciudad."*

Hechos 14:1-3 – *"Aconteció en Iconio que entraron juntos en la sinagoga de los judíos, y hablaron de tal manera que creyó una gran multitud de judíos, y asimismo de griegos. Más los judíos que no creían excitaron y corrompieron los ánimos de los gentiles contra los hermanos. Por tanto, se detuvieron allí mucho tiempo, hablando con denuedo, confiados en el Señor, el cual daba testimonio a la palabra de su gracia, concediendo que se hiciesen por las manos de ellos señales y prodigios."*

Don de Profecía

El don de *"profecía"* es la habilidad de traer una palabra de aviso, exhortación o revelación a través de la unción del Espíritu Santo. Los que fluyen bajo un don profético declaran con poder la palabra de Dios, los caminos de Dios y *a veces* el futuro. El rol de aquel que profetiza es el de edificar la iglesia con la proclamación de la ley de Dios. Debemos entender que los profetas en la biblia *declaraban* al pueblo para apoyar y administrar la ley que ya ellos conocían mucho más que *adivinar* el futuro. Es decir, declaraban más de lo que adivinaban.

Hechos 2:14-21 – *"Entonces Pedro, poniéndose en pie con los once, alzó la voz y les habló diciendo: Varones judíos, y todos los que habitáis en Jerusalén, esto os sea notorio, y oíd mis palabras. Porque éstos no están ebrios, como vosotros suponéis, puesto que es la hora tercera del día. Mas esto es lo dicho por el profeta Joel: Y en los postreros días, dice Dios, Derramaré de mi Espíritu sobre toda carne, Y vuestros hijos y vuestras hijas profetizarán; Vuestros jóvenes verán visiones, Y vuestros ancianos soñarán sueños..."*

Hechos 14:1-7 – *"Aconteció en Iconio que entraron juntos en la sinagoga de los judíos, y hablaron de tal manera que creyó una gran multitud de judíos, y asimismo de griegos. Más los judíos que no creían excitaron y corrompieron los ánimos de los gentiles contra los hermanos. Por tanto, se detuvieron allí mucho tiempo, hablando con denuedo, confiados en el Señor, el cual daba testimonio a la palabra de su gracia, concediendo que se hiciesen por las manos de ellos señales y prodigios. Y la gente de la ciudad estaba dividida: unos estaban con los judíos, y otros con los apóstoles. Pero cuando los judíos y los gentiles, juntamente con sus gobernantes, se lanzaron a afrentarlos y apedrearlos, habiéndolo sabido, huyeron a Listra y Derbe, ciudades de Licaonia, y a toda la región circunvecina, y allí predicaban el evangelio."*

1 Tesalonicenses 5:17-22 – *"Orad sin cesar. Dad gracias en todo, porque esta es la voluntad de Dios para con vosotros en Cristo Jesús. No apaguéis al Espíritu. No menospreciéis las profecías. Examinadlo todo; retened lo bueno. Absteneos de toda especie de mal."*

Don de Discernimiento

El versículo diez de nuestro pasaje central declara que algunos han recibido *"discernimiento de espíritus."* Podemos definirlo como la *habilidad* especial de juzgar por el Espíritu Santo las profecías, intenciones y motivaciones de una persona. Es la habilidad de saber si alguien está hablando bajo la inspiración del Espíritu Santo, bajo su propio espíritu o aún bajo algún espíritu demoniáco. La iglesia es edificada porque puede discernir si el Espíritu Santo está obrando o no. Los versículos abajo abarcan más sobre este punto:

Hechos 8:18-24 – *"Cuando vió Simón que por la imposición de las manos de los apóstoles se daba el Espíritu Santo, les ofreció dinero, diciendo: Dadme también a mí este poder, para que cualquiera a quien yo impusiere las manos reciba el Espíritu Santo. Entonces Pedro le dijo: Tu dinero perezca contigo, porque has pensado que el don de Dios se obtiene con dinero. No tienes tú parte ni suerte en este asunto, porque tu corazón no es recto delante de Dios..."*

Hechos 13:8-12 – *"Pero les resistía Elimas, el mago (pues así se traduce su nombre), procurando apartar de la fe al procónsul. Entonces Saulo, que también es Pablo, lleno del Espíritu Santo, fijando en él los ojos, dijo: ¡Oh, lleno de todo engaño y de toda maldad, hijo del diablo, enemigo de toda justicia! ¿No cesarás de trastornar los caminos rectos del Señor?"*

1 Juan 4:1 – *"Amados, no creáis a todo espíritu, sino probad los espíritus si son de Dios; porque muchos falsos profetas han salido por el mundo. En esto conoced el Espíritu de Dios: Todo espíritu que confiesa que Jesucristo ha venido en carne, es de Dios; y todo espíritu que no confiesa que Jesucristo ha venido en carne, no es de Dios; y este es el espíritu del anticristo, el cual vosotros habéis oído que viene, y que ahora ya está en el mundo."*

Don de Lenguas

El don de lenguas es cuando el creyente se expresa bajo la unción y dirección del Espíritu Santo, en un idióma que nunca ha aprendido. El verso diez dice que a otros ha dado Dios *"diversos géneros de lenguas"*, para la edificación de la iglesia. La iglesia es edificada cuando las lenguas son interpretadas en un idióma que la congregación conoce y se ministra de una manera apropiada y en un momento apropiado. Cuando el creyente está hablando con don de lenguas, su clamor va dirigido hacia Dios y el intérprete (interpretación de lenguas) comunica tal mensaje divino al pueblo. El *don de lenguas* es diferente al de las lenguas personales que el creyente recibe cuando es bautizado por el Espíritu Santo pues tal es para su propia edificación.

Don de Interpretación de Lenguas

Como explicamos arriba, el don de lenguas es cuando el creyente se expresa bajo la unción y dirección del Espíritu Santo, en un idióma que nunca ha aprendido. Cuando esto sucede durante el servicio de la iglesia, existe la oportunidad de que esas lenguas sean interpretadas para la congregación con alguien que ha recibido el don de *"interpretación de lenguas."* Esto es la habilidad de interpretar las lenguas espirituales, por el poder del Espíritu Santo, y comunicar ese mensaje divino a la congregación. Como mencioné arriba, tal práctica debe, ser ministrada en un tiempo y de una manera apropiada:

1 Corintios 14:5,13 – *"Así que, quisiera que todos vosotros hablásels en lenguas, pero más que profetizaseis; porque mayor es el que profetiza que el que habla en lenguas, a no ser, que las interprete para que la iglesia reciba edificación... Por lo cual, el que habla en lengua extraña, pida en oración poder interpretarla."*

1 Corintios 14:26, 27 – *"¿Qué hay, pues, hermanos? Cuando os reunís, cada uno de vosotros tiene salmo, tiene doctrina, tiene lengua, tiene revelación, tiene interpretación. Hágase todo para edificación. Si habla alguno en lengua extraña, sea esto por dos, o a lo más tres, y por turno; y uno interprete."*

Los dones del Espíritu juegan un papel vital en la vida de la iglesia. Cuando los discípulos dentro de la misma congregación, buscan la llenura del Espíritu Santo, su servicio y ministerio será de gran bendición y edificación a la iglesia y a la comunidad que le rodéa.

Dones Serviciales

"Seis ministerios de servicio administrativo"

De manera que, teniendo diferentes dones, según la gracia que nos es dada, si el de profecía, úsese conforme a la medida de la fe; o si de servicio, en servir; o el que enseña, en la enseñanza; el que exhorta, en la exhortación; el que reparte, con liberalidad; el que preside, con solicitud; el que hace misericordia, con alegría.

Romanos 12:6-8

Aunque, todos los dones del Espíritu son para el servicio del Señor y su iglesia, la categoría de los dones que vamos a estudiar en esta lección, tiene un énfasis mayor en el servicio.

Los dones serviciales son el segundo grupo de dones divinos que mencionamos en la lección número seis. El enfoque de su servicio es en el área de administración y motivación. Las personas que sirven a la iglesia en esta capacidad, son de gran bendición para el avance de su visión y misión. La lista de estos ministerios que siguen alumbrará al discípulo sus funciones dentro de la iglesia y el del Reino del Señor Jesucristo.

Ministerios de servicio

El Diácono

Un diácono o diáconisa, es una persona espiritualmente madura la cual ha sido escogida por Dios y la iglesia y tiene el don y la gracia de rendir ayuda práctica a los Pastores, ancianos y miembros de la misma. Ellos también, tienen la capacidad de ayudar a los ministros de la iglesia en la formación y el desarrollo espiritual de sus miembros:

Filipenses 1:1,2 – *"Pablo y Timoteo, siervos de Jesucristo, a todos los santos en Cristo Jesús que están en Filipos, con los obispos y diáconos: Gracia y paz a vosotros, de Dios nuestro Padre y del Señor Jesucristo."*

1 Timoteo 3:8-13 – *"Los diáconos asimismo deben ser honestos, sin doblez, no dados a mucho vino, no codiciosos de ganancias deshonestas; que guarden el misterio de la fe con limpia conciencia. Y éstos también sean sometidos a prueba primero, y entonces ejerzan el diaconado, si son irreprensibles..."*

Romanos 16:1-2 – *"Os recomiendo además nuestra hermana Febe, la cual es diáconisa de la iglesia en Cencrea; que la recibáis en el Señor, como es digno de los santos, y que la ayudéis en cualquier cosa en que necesite de vosotros; porque ella ha ayudado a muchos, y a mí mismo."*

El Administrador

El administrador tiene la gracia y la integridad de supervisar los bienes, muebles y otros tipos de actividades administrativas de la iglesia. La iglesia moderna ha usado la palabra síndico, para describir este tipo de don y algunos, llevan como título tesorero, secretaria o síndico. Ellos, son llamados a ayudar a los ministros de la iglesia (Pastores y ancianos) junto, con los diáconos de la iglesia local. Judas era el administrador del ministerio de Jesús y dirigía la mayoría de los asuntos económicos de su equipo:

Juan 13:29 – *"Porque algunos pensaban, puesto que Judas **tenía la bolsa**, que Jesús le decía: Compra lo que necesitamos para la fiesta; o que diese algo a los pobres."*

1 Corintios 12:28 – *"Y a unos puso Dios en la iglesia, primeramente apóstoles, luego profetas, lo tercero maestros, luego los que hacen milagros, después los que sanan, los que ayudan, los que **administran**, los que tienen don de lenguas."*

Mateo 20:8,9 – *"Cuando llegó la noche, el señor de la viña dijo a su **mayordomo**: Llama a los obreros y págales el jornal, comenzando desde los postreros hasta los primeros. Y al venir los que habían ido cerca de la hora undécima, recibieron cada uno un denario."*

Lucas 16:1-13 – *"Dijo también a sus discípulos: Había un hombre rico que **tenía un mayordomo**, y éste fue acusado ante él como disipador de sus bienes. Entonces le llamó, y le dijo: ¿Qué es esto que oigo acerca de ti? Da cuenta de tu mayordomía, porque ya no podrás más ser mayordomo... El que es fiel en lo muy poco, también en lo más es fiel; y el que* *en lo muy poco es injusto, también en lo más es injusto. Pues si en las riquezas injustas no fuisteis fieles, ¿quién os confiará lo verdadero? Y si en lo ajeno no fuisteis fieles, ¿quién os dará lo que es vuestro?"*

El Exhortador

Es la persona que tiene el don y la gracia de motivar a otros creyentes a crecer en Jesús. Para ser más específico, les motiva a desarrollar los frutos del espíritu; a estar más comprometidos con Cristo y su iglesia y más santificados y separados del mundo. Ellos, sirven a los miembros de la iglesia junto con los ministros:

Romanos 12:8 – *"De manera que, teniendo diferentes dones, según la gracia que nos es dada, si el de profecía, úsese conforme a la medida de la fe; o si de servicio, en servir; o el que enseña, en la enseñanza;* **el que exhorta, en la exhortación***; el que reparte, con liberalidad; el que preside, con solicitud; el que hace misericordia, con alegría."*

Hebreo 10:24-25 – *"Y considerémonos unos a otros para estimularnos al amor y a las buenas obras; no dejando de congregarnos, como algunos tienen por costumbre, sino exhortándonos; y tanto más, cuanto veis que aquel día se acerca."*

Hechos 11:23-25 – *"Este, cuando llegó, y vio la gracia de Dios, se regocijó, y exhortó a todos a que con propósito de corazón permaneciesen fieles al Señor. Porque era varón bueno, y lleno del Espíritu Santo y de fe. Y una gran multitud fue agregada al*

Señor. Después fue Bernabé a Tarso para buscar a Saulo; y hallándole, le trajo a Antioquía."

El Ayudador

Es el que tiene la gracia y la capacidad de apoyar a otros dentro y fuera de la iglesia. Asiste en cualquier tarea o proyecto donde le solicitan. Sirve a los miembros de la iglesia junto con los líderes y ministros.

Romanos 12:7 – *"De manera que, teniendo diferentes dones, según la gracia que nos es dada, si el de profecía, úsese conforme a la medida de la fe;* **o si de servicio, en servir***; o el que enseña, en la enseñanza; el que exhorta, en la exhortación; el que reparte, con liberalidad; el que preside, con solicitud; el que hace misericordia, con alegría".*

Hechos 16:14,15 – *"Entonces una mujer llamada Lidia, vendedora de púrpura, de la ciudad de Tiatira, que adoraba a Dios, estaba oyendo; y el Señor abrió el corazón de ella para que estuviese atenta a lo que Pablo decía. Y cuando fue bautizada, y su familia, nos rogó diciendo: Si habéis juzgado que yo sea fiel al Señor, entrad en mi casa, y posad. Y nos obligó a quedarnos."*

Hechos 20:35 – *"En todo os he enseñado que, trabajando así, se debe ayudar a los necesitados, y recordar las palabras del Señor Jesús, que dijo: Más bienaventurado es dar que recibir."*

3 Juan 5-8 – *"Amado, fielmente te conduces cuando prestas algún servicio a los hermanos, especialmente a los desconocidos, los cuales han dado ante la iglesia testimonio de*

tu amor; y harás bien en encaminarlos como es digno de su servicio a Dios, para que continúen su viaje. Porque ellos salieron por amor del nombre de Él, sin aceptar nada de los gentiles. Nosotros, pues, debemos acoger a tales personas, para que cooperemos con la verdad."

El Confortador

Es el que ha recibido la gracia y capacidad de consolar y ser misericordioso con personas que están sufriendo en medio de situaciones difíciles. Sirve a los miembros de la iglesia junta, con los líderes y ministros:

Romanos 12:8 – *"De manera que, teniendo diferentes dones, según la gracia que nos es dada, si el de profecía, úsese conforme a la medida de la fe; o si de servicio, en servir; o el que enseña, en la enseñanza; el que exhorta, en la exhortación; el que reparte, con liberalidad; el que preside, con solicitud;* **el que hace misericordia, con alegría.***"*

2 Corintios 1:3-7 – *"Bendito sea el Dios y Padre de nuestro Señor Jesucristo, Padre de misericordias y Dios de toda consolación, el cual nos consuela en todas nuestras tribulaciones, para que podamos también nosotros consolar a los que están en cualquier tribulación, por medio de la consolación con que nosotros somos consolados por Dios..."*

Hechos 9:36 – 43 – *"Había entonces en Jope una discípula llamada Tabita, que traducido quiere decir, Dorcas. Esta abundaba en buenas obras y en limosnas que hacía..."*

Hebreos 10:34 – *"Porque de los presos también os compadecisteis, y el despojo de vuestros bienes sufristeis con gozo, sabiendo que tenéis en vosotros una mejor y perdurable herencia en los cielos."*

El Dador

Creyentes que tienen una pasión fuera de lo normal para transferir recursos para la necesidad de la iglesia y sus miembros. Sirven a los miembros de la iglesia junto con los líderes y ministros. Los pasajes abajo testifican sobre algunos ejemplos de lo mismo:

Hechos 2:44-45 – *"Y sobrevino temor a toda persona; y muchas maravillas y señales eran hechas por los apóstoles. Todos los que habían creído estaban juntos, y tenían en común todas las cosas; y vendían sus propiedades y sus bienes, y lo repartían a todos según la necesidad de cada uno."*

Hechos 11: 29,30 – *"Entonces los discípulos, cada uno conforme a lo que tenía, determinaron enviar socorro a los hermanos que habitaban en Judea; lo cual en efecto hicieron, enviándolo a los ancianos por mano de Bernabé y de Saulo."*

2 Corintios 8:1al 4 – *"Asimismo, hermanos, os hacemos saber la gracia de Dios que se ha dado a las iglesias de Macedonia; que en grande prueba de tribulación, la abundancia de su gozo y su profunda pobreza abundaron en riquezas de su generosidad. Pues doy testimonio de que con agrado han dado conforme a sus fuerzas, y aún más allá de sus fuerzas, pidiéndonos con muchos ruegos que les concediésemos el privilegio de participar en este servicio para los santos."*

Como podemos ver, Dios ha capacitado y dado el privilegio a los miembros de la iglesia de servir hacia su propia edificación con la aplicación de estos dones administrativos. Aunque en este siglo las iglesias usen nombres o títulos diferentes con el fin de ser más contemporáneo o contextual, los principios bíblicos extraídos de los pasajes arriba no cambian y son útiles para la expansión del reino de Dios y la bendición de la iglesia local.

Dones Ministeriales

****

"Cinco dones ministeriales de la iglesia"

"Y él mismo constituyó a unos, apóstoles; a otros, profetas; a otros, evangelistas; a otros, pastores y maestros, a fin de perfeccionar a los santos para la obra del ministerio, para la edificación del cuerpo de Cristo, hasta que todos lleguemos a la unidad de la fe y del conocimiento del Hijo de Dios, a un varón perfecto, a la medida de la estatura de la plenitud de Cristo."

Efesios 4:11-13
****

Los *dones ministeriales,* son poseídos por creyentes maduros los cuales han sido desarrollados por Dios para ser líderes espirituales de su iglesia. Son ministros los cuales dirigen y edifican el cuerpo de Cristo, con el fin de que otros creyentes puedan crecer a la imagen y semejanza de Jesús. Estos líderes maduros, operan en los dones del Espíritu, tienen un don servicial, y un carácter irreprensible. Tales líderes, no están interesados en formar sus propios *reinos* o controlar el ministerio de otros, sino tienen una pasión contagiosa, deseando ser de bendición a los demás con el fin, de que el Reino de Dios sea establecido. La tabla abajo nos pinta un cuadro de este concepto:

Tabla Ministerial

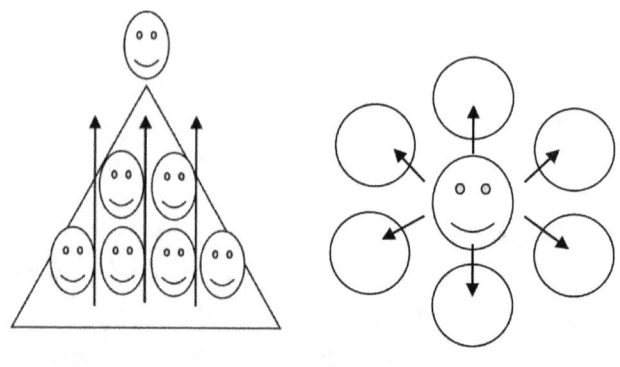

Imagen #1   Imagen #2

Los que tienen motivaciones egoístas, ministran con el fin de ubicarse al *tope* del ministerio con los demás ministros por debajo de ellos (imagen #1). Todo su esquema, ministerio y modelo está diseñado para que los recursos y el poder lleguen hacia arriba, donde ellos puedan controlar y recibir los beneficios mayores. Los que son irreprensibles, ministran con el fin de distribuir el poder y la autoridad a otros ministros (imagen #2) y aunque Dios les ha dado autoridad ministerial, lo usa para servir los beneficios del ministerio de Cristo y no solo sus propios beneficios. Mantengamos esto en mente, mientras desarrollamos el estudio sobre los cinco dones ministeriales de la iglesia entendiendo, que no son para la gloria del hombre sino, para la gloria de Dios y el beneficio de su iglesia. También, debemos entender que esta lista de ministerios mencionados abajo, no son títulos para algunos privilegiados sino, funciones de servicio ministerial.

Cinco dones Ministeriales

APÓSTOL

El apóstol, según el lenguaje bíblico, se traduce de la palabra "apostolos" que significa aquel que ha sido *enviado* con órdenes e instrucciones específicas con el fin de cumplir una misión.[4] Este representa no solo a Dios, sino a los que le enviaron. Él es un delegado, mensajero, o embajador. Basado en esta definición, vamos a presentar dos categorías de apóstoles bíblicos con las características de cada uno.

Los *apóstoles originales* son los que llegaron primero a la escena del Nuevo Testamento, reconocidos como los doce apóstoles de Jesucristo. Ellos, fueron específicamente comisionados por Jesús, durante su ministerio terrenal y juegan un papel especial y único en la iglesia. Aunque las escrituras mencionan otros apóstoles después de los doce (apóstoles funcionales), sólo los doce fueron los fundadores de la iglesia primitiva en Jerusalén y sólo los doce sentarán con Jesús para juzgar a las doce tribus de Israel (Lucas 22:29,30 / Mateo 19:28). Los pasajes abajo afirmaran esta verdad bíblica:

Mateo 10:1,2 – *"Entonces llamando a sus doce discípulos, les dio autoridad sobre los espíritus inmundos, para que los echasen fuera, y para sanar toda enfermedad y toda dolencia. Los nombres de los doce apóstoles son estos: primero Simón,*

---

[4] S. Leticia Calcada, *Diccionario Bíblico ilustrado Holman* (Nashville: B&H Publishing Group, 2008), 116.

llamado Pedro, y Andrés su hermano; Jacobo hijo de Zebedeo, y Juan su hermano; Felipe, Bartolomé, Tomás, Mateo el publicano, Jacobo hijo de Alfeo, Lebeo, por sobrenombre Tadeo, Simón el cananista, y Judas Iscariote, el que también le entregó."

Efesios 2:20 – *"Así que ya no sois extranjeros ni advenedizos, sino conciudadanos de los santos, y miembros de la familia de Dios, edificados sobre el fundamento de los apóstoles y profetas, siendo la principal piedra del ángulo Jesucristo mismo"*

Hechos 2:41,42 – *"Así que, los que recibieron su palabra fueron bautizados; y se añadieron aquel día como tres mil personas. Y perseveraban en la doctrina de los apóstoles, en la comunión unos con otros, en el partimiento del pan y en las oraciones."*

Como podemos ver arriba, los apóstoles originales tienen un lugar único y especial en la historia de la iglesia. Tienen, en parte, algunas cualidades que no se pueden duplicar como, ser los fundadores de la iglesia primitiva con Cristo como la piedra angular. La tabla abajo, anuncia algunas de las características de los doce apóstoles.

Características de los apóstoles originales

Ministerio	Característica	Referencias bíblicas
Fundaron iglesias	Habilidad de Establecer	Hechos 4:33-37 /1 Corintios 12:28 /Ef. 2:20
Hacían milagros	Le seguían señales	Hechos 5:12, 18-42
Eran líderes	Habilidad de Liderazgo	Hechos 6:6, 9:27, 11:1
Escogidos por Jesús	Tenían llamado	Hechos 1:15-26 / Mateo 10:1-4 / Lucas 6:12-16 / Marcos 3:14-19
Manejaban problemas difíciles	Pacificadores	Hechos 6:1-7 / 15:1-6
Escribían cartas	Autores del texto sagrado	véase a las epístolas

La segunda categoría de apóstoles en la biblia, son lo que llamamos los *apóstoles funcionales*. Estos son los hombres que vinieron después de los doce y mostraron muchas de las mismas características en su ministerio que poseían los doce. Fueron comisionados por la iglesia de Jesús, para cumplir un propósito específico como; fundar iglesias, ser líderes espirituales, y ungidos por el Espíritu Santo para predicar y ejecutaban milagros y prodigios. En el caso del apóstol Pablo,

Jesús mismo le apareció en el camino a Damasco y la iglesia en Antioquía confirmó su ministerio, enviándole con Bernabé para la obra de ministerio misionero:

<u>Hechos 13:1-3</u> – *"Había entonces en la iglesia que estaba en Antioquía, profetas y maestros: Bernabé, Simón el que se llamaba Níger, Lucio de Cirene, Manaén el que se había criado junto con Herodes el tetrarca, y Saulo. Ministrando éstos al Señor, y ayunando, dijo el Espíritu Santo: Apartadme a Bernabé y a Saulo para la obra a que los he llamado. Entonces, habiendo ayunado y orado, les impusieron las manos y los despidieron."*

<u>Gálatas 1-3,15-17</u> – *"Pablo, apóstol (no de hombres ni por hombre, sino por Jesucristo y por Dios el Padre que lo resucitó de los muertos), y todos los hermanos que están conmigo, a las iglesias de Galacia: Gracia y paz sean a vosotros, de Dios el Padre y de nuestro Señor Jesucristo... Pero cuando agradó a Dios, que me apartó desde el vientre de mi madre, y me llamó por su gracia, revelar a su Hijo en mí, para que yo le predicase entre los gentiles, no consulté en seguida con carne y sangre, ni subí a Jerusalén a los que eran apóstoles antes que yo; sino que fui a Arabia, y volví de nuevo a Damasco."*

<u>Romanos 16:7</u> – *"Saludad a Andrónico y a Junias, mis parientes y mis compañeros de prisiones, los cuales son muy estimados entre los apóstoles, y que también fueron antes de mí en Cristo."*

<u>Hechos 14: 14,15</u> – *"Cuando lo oyeron los apóstoles Bernabé y Pablo, rasgaron sus ropas, y se lanzaron entre la multitud, dando voces y diciendo: Varones, ¿por qué hacéis esto?"*

En la iglesia de hoy hay un gran debate sobre si todavía existe el ministerio del apóstol. Para responder a esta inquietud debemos de afirmar que los doce apóstoles de Jesús tenían un papel muy especial que jamás podrá ser duplicado ya que los requisitos para ubicarse en esta categoría ya es imposible cumplir (Hechos 1:15-26). También debemos entender que el apóstol Pablo tenía un papel especial como el apóstol a los gentiles que fue reconocido y endorsado por los apóstoles de Jesucristo (2 Pedro 3:15,16 y Gálatas 2:9). Los que afirman la existencia de apóstoles funcionales en nuestros tiempos, usando los ejemplos de misioneros o líderes conciliares, deben hacer una distinción en los términos teológicos y aclarar que no pueden ser exaltado al nivel de los apóstoles originales. También debemos de tener precaución a las personas que "dicen ser apóstoles y no lo son" (apocalipsis 2:2).

PROFETA

Un profeta, según la biblia, es un portavoz o un orador para Dios. Es aquel, que proclama bajo la unción del Espíritu Santo, la ley y los caminos de Dios. Como aprendimos en el estudio de los dones del espíritu, el profeta de Dios *declara* la palabra y es mucho más que un *adivino*. Los que funcionan en el ministerio del profeta han sido capacitados por Dios, y su iglesia, para proclamar con poder el mensaje poderoso del Reino de Jesucristo:

1 Timoteo 1:18 – *"Este mandamiento, hijo Timoteo, te encargo, para que conforme a las profecías que se hicieron antes en cuanto a ti, milites por ellas la buena milicia, manteniendo la fe y buena conciencia, desechando la cual*

naufragaron en cuanto a la fe algunos, de los cuales son Himeneo y Alejandro, a quienes entregué a Satanás para que aprendan a no blasfemar."

<u>Hechos 11:27,28 / 21:10.11</u> – *"En aquellos días, unos profetas descendieron de Jerusalén a Antioquía. Y levantándose uno de ellos, llamado Agabo, daba a entender por el Espíritu, que vendría una gran hambre en toda la tierra habitada; la cual sucedió en tiempo de Claudio... Y permaneciendo nosotros allí algunos días, descendió de Judea un profeta llamado Agabo, quien, viniendo a vernos, tomó el cinto de Pablo, y atándose los pies y las manos, dijo: Esto dice el Espíritu Santo: Así atarán los judíos en Jerusalén al varón de quien es este cinto, y le entregarán en manos de los gentiles."*

<u>Hechos 15:32</u> – *"Y Judas y Silas, como ellos también eran profetas, consolaron y confirmaron a los hermanos con abundancia de palabras."*

<u>Hechos 13:1</u> – *"Había entonces en la iglesia que estaba en Antioquía, profetas y maestros: Bernabé, Simón el que se llamaba Niger, Lucio de Cirene, Manaén el que se había criado junto con Herodes el tetrarca, y Saulo".*

<u>Hechos 21:9</u> – *"Este tenía cuatro hijas doncellas que profetizaban."*

EVANGELISTA

Un evangelista, es un proclamador de la palabra de Dios que tiene una gracia especial de comunicar el evangelio de Jesucristo con el fin de salvar a las vidas perdidas. Él es un líder espiritual de la iglesia quien tiene una profunda pasión por las vidas y es un gran ganador de almas:

2 Timoteo 4:5 – *"Pero tú sé sobrio en todo, soporta las aflicciones, haz obra de evangelista, cumple tu ministerio."*

Hechos 21:8 – *"Al otro día, saliendo Pablo y los que con él estábamos, fuimos a Cesarea; y entrando en casa de Felipe el evangelista, que era uno de los siete, posamos con él."*

Hechos 8:5-8 – *"Entonces Felipe, descendiendo a la ciudad de Samaria, les predicaba a Cristo. Y la gente, unánime, escuchaba atentamente las cosas que decía Felipe, oyendo y viendo las señales que hacía. Porque de muchos que tenían espíritus inmundos, salían éstos dando grandes voces; y muchos paralíticos y cojos eran sanados; así que había gran gozo en aquella ciudad."*

Hechos 8:26-40 – *"Un ángel del Señor habló a Felipe, diciendo: Levántate y ve hacia el sur, por el camino que desciende de Jerusalén a Gaza, el cual es desierto. Entonces él se levantó y fue. Y sucedió que un etíope, eunuco, funcionario de Candace reina de los etíopes, el cual estaba sobre todos sus tesoros, y había venido a Jerusalén para adorar..."*

PASTOR

El pastor, es el líder espiritual que cuida, alimenta y dirija las ovejas de Dios (los creyentes). En la mayoría de las iglesias de este siglo, el Pastor juega un papel primordial dentro del ministerio de la iglesia local. En algunos casos, el Pastor supervisa varias iglesias y la biblia identifica tal pastor como un obispo. El Nuevo Testamento, también utiliza la palabra *anciano* para describir la función pastoral dentro de la iglesia local:

1 Pedro 5:1-4 – *"Ruego a los ancianos que están entre vosotros, yo anciano también con ellos, y testigo de los padecimientos de Cristo, que soy también participante de la gloria que será revelada: Apacentad la grey de Dios que está entre vosotros, cuidando de ella, no por fuerza, sino voluntariamente; no por ganancia deshonesta, sino con ánimo pronto; no como teniendo señorío sobre los que están a vuestro cuidado, sino siendo ejemplos de la grey. Y cuando aparezca el Príncipe de los pastores, vosotros recibiréis la corona incorruptible de gloria."*

Tito 1:5-9 – *"Por esta causa te dejé en Creta, para que corrigieses lo deficiente, y establecieses ancianos en cada ciudad, así como yo te mandé; el que fuere irreprensible, marido de una sola mujer, y tenga hijos creyentes que no estén acusados de disolución ni de rebeldía. Porque es necesario que el obispo sea irreprensible, como administrador de Dios; no soberbio, no iracundo, no dado al vino, no pendenciero, no codicioso de ganancias deshonestas, sino hospedador, amante de lo bueno, sobrio, justo, santo, dueño de sí mismo, retenedor de la palabra fiel tal como ha sido enseñada, para que también pueda exhortar con saña enseñanza y convencer a los que contradicen."*

Filipenses 1:1 – *"Pablo y Timoteo, siervos de Jesucristo, a todos los santos en Cristo Jesús que están en Filipos, con los obispos y diáconos: Gracia y paz a vosotros, de Dios nuestro Padre y del Señor Jesucristo."*

1 Timoteo 5:17-20 – *"Los ancianos que gobiernan bien, sean tenidos por dignos de doble honor, mayormente los que trabajan en predicar y enseñar..."*

MAESTRO

Un maestro, es aquel que comunica los principios de la palabra de Dios para transmitir entendimiento a los creyentes, con el fin de transformar como piensan y como viven. Su ministerio de enseñanza es sistemático y somete sus alumnos al proceso de aprendizaje y razonamiento para que puedan dar la razón por la fe que está en ellos. Los pasajes que siguen nos servirán como referencia a este ministerio tan especial en la iglesia:

2 Timoteo 2:1,2 – *"Tú, pues, hijo mío, esfuérzate en la gracia que es en Cristo Jesús. Lo que has oído de mí ante muchos testigos, esto encarga a hombres fieles que sean idóneos para enseñar también a otros."*

Hechos 18:24-28 – *"Llegó entonces a Éfeso un judío llamado Apolos, natural de Alejandría, varón elocuente, poderoso en las Escrituras. Este había sido instruido en el camino del Señor; y siendo de espíritu fervoroso, hablaba y enseñaba diligentemente lo concerniente al Señor, aunque solamente conocía el bautismo de Juan..."*

Tito 2:1-8 – *"Pero tú habla lo que está de acuerdo con la sana doctrina. Que los ancianos sean sobrios, serios, prudentes, sanos en la fe, en el amor, en la paciencia. Las ancianas asimismo sean reverentes en su porte; no calumniadoras, no esclavas del vino, maestras del bien; que enseñen a las mujeres jóvenes a amar a sus maridos y a sus hijos, a ser prudentes, castas, cuidadosas de su casa, buenas, sujetas a sus maridos, para que la palabra de Dios no sea blasfemada. Exhorta asimismo a los jóvenes a que sean prudentes; presentándote tú en todo como ejemplo de buenas obras; en la enseñanza mostrando integridad, seriedad, palabra sana e irreprochable, de modo que el adversario se avergüence, y no tenga nada malo que decir de vosotros."*

Estos dones ministeriales, nos han sido dados por nuestro Señor Jesucristo, como regalos para la salud y el bienestar de la iglesia. Las personas que Dios ha puesto en estas funciones, tienen una gran responsabilidad de vivir vidas irreprensibles delante de Dios y la sociedad. Con todos los escándalos que la iglesia ha sufrido en este siglo, los líderes de la iglesia tienen un gran reto de ser un buen testigo para los que están dentro y fuera de las paredes de la iglesia. Cuando la iglesia puede contar con hombres y mujeres cuyos caracteres caminan de par en par con su mensaje, entonces, esta producirá discípulos que reflejen la semejanza de nuestro Señor Jesús y nuestra comunidad será impactada de una manera tangible y real.

Descubriendo y Desarrollando tus dones

"Reconociendo las habilidades que Dios te ha dado"

Por tanto, amados míos, como siempre habéis obedecido, no como en mi presencia solamente, sino mucho más ahora en mi ausencia, ocupaos en vuestra salvación con temor y temblor, porque Dios es el que en vosotros produce así el querer como el hacer, por su buena voluntad.

Filipenses 2:12,13

Uno de los propósitos del currículo de aprendizaje que ha estudiado en *la escuela del ministerio,* ha sido con el fin de ayudarte a identificar las habilidades que Dios ha puesto en ti. Mientras sigues estudiando lo que la biblia enseña sobre el propósito de la iglesia, el llamado del servicio del cristiano y las funciones básicas de los dones que Dios ha dado a la iglesia, entenderás poco a poco los planes que Dios tiene contigo. Recuerda, que Dios le ha dado a cada uno de sus seguidores por lo menos, un don para que particípe en el plan glorioso de Jesucristo, aquí en la tierra. Los principios abajo te servirán como guía en el proceso del descubrimiento del don funcional en ti.

¿Cómo identificar y desarrollar tus dones?

Procura la vida del espíritu

Lo primero que necesitas entender, es que los dones de Dios funcionan saludablemente, dentro de un contexto espiritual. Es por eso que el discípulo de Jesucristo debe procurar la vida plena del Espíritu Santo para descubrir y desarrollar los dones que Dios le ha dado. Uno de los enemigos los cuales impiden la manifestación del don de Dios, es un estilo de vida carnal. La carnalidad y el pecado pueden encubrir el don de Dios dentro del creyente pues el que practica tales cosas contrista al Espíritu Santo y apaga la luz de Dios en él/ella. Donde no hay luz, existen las tinieblas. Donde existen las tinieblas, no hay suficiente percepción para ver lo bueno de Dios en uno. Como resultado del pecado, la vergüenza y el desánimo invaden al creyente minimizando su valor y su autoestima personal. Cuando nuestro valor y autoestima personal están por el piso, no podemos descubrir el don que Dios nos ha dado. Es por eso que el creyente necesita procurar la vida del espíritu para hacer morir los deseos de la carne. Cuando esto acontezca, él o ella podrán ver claramente, el don divino en ellos. Consideremos los pasajes bíblicos abajo para motivarnos hacia la práctica de lo mismo:

Gálatas 5:16-18 – *"Digo, pues: Andad en el Espíritu, y no satisfagáis los deseos de la carne. Porque el deseo de la carne es contra el Espíritu, y el del Espíritu es contra la carne; y éstos se oponen entre sí, para que no hagáis lo que quisiereis. Pero si sois guiados por el Espíritu, no estáis bajo la ley."*

Romanos 8:1,2 – *"Ahora, pues, ninguna condenación hay para los que están en Cristo Jesús, los que no andan conforme a la carne, sino conforme al Espíritu. Porque la ley del Espíritu de vida en Cristo Jesús me ha librado de la ley del pecado y de la muerte."*

Colosenses 1:28,29 – *"A quien anunciamos, amonestando a todo hombre, y enseñando a todo hombre en toda sabiduría, a fin de presentar perfecto en Cristo Jesús a todo hombre; para lo cual también trabajo, luchando según la potencia de él, la cual actúa poderosamente en mí."*

Analizar tus gustos

Una de las cosas que el discípulo debe hacer para descubrir su don es prestar atención a las cosas que le son favorables. Las siguientes preguntas le ayudarán a identificar su don funcional: (1) ¿Cuáles son las cosas que te gusta hacer? (2) ¿Cuáles son las cosas que te producen gozo? (3) ¿Cuáles son las cosas del ministerio de la iglesia que dominan tus pensamientos? Dios es el que pone sus deseos en el creyente para cumplir sus propósitos en la tierra. Nuestro pasaje central confirma esto pues, el apóstol Pablo declaró que cuando estamos procurando la vida del Espíritu Dios éste encargará de producir en nosotros el "querer como el hacer" para cumplir su "buena voluntad." Es por eso que debemos aprender a examinarnos a nosotros mismos para ver qué es lo que Dios ha puesto dentro. Los versículos abajo, nos enseñan la gran verdad del don de Dios en ti:

1 Timoteo 1:6 – *"Por lo cual te aconsejo que avives el fuego del don de Dios que está en ti por la imposición de mis manos."*

1 Timoteo 4:14 – *"No descuides el don que hay en ti, que te fue dado mediante profecía con la imposición de las manos del presbiterio."*

1 Corintios 3:16 – *"¿No sabéis que sois templo de Dios, y que el Espíritu de Dios mora en vosotros?"*

Someterse al proceso

Como discípulo, debes comprender que el desarrollo del don de Dios en ti es un proceso que requiere paciencia, obediencia y diligencia. Cuando el creyente comienza a desarrollar una vida íntima y espiritual con su creador, Dios impartirá algún don espiritual en ellos para usarlo para bendecir a otros. En esta etapa de su desarrollo espiritual, el discípulo será usado en algunos de los dones espirituales esporádicamente, conforme a su disponibilidad, preparación y según los propósitos de Dios si así, lo amerita. Si el discípulo es hallado fiel (carácter y conducta), en este nivel de servicio (dones espirituales),

Dios los capacitará más y confiará oportunidades de administrar los bienes de la iglesia (dones serviciales). En esta etapa de desarrollo el Señor desea impartir en el creyente un corazón de servicio puro con motivos sinceros y Cristo-Céntricos. Los que continúan fieles (carácter y conducta irreprensible) y tienen el llamado, Dios los capacitará para servir como ministros en la iglesia de Dios (dones ministeriales).

En este proceso, es importante que el discípulo entienda que el Espíritu Santo distribuye los dones conforme a su voluntad. Los dones que el discípulo recibe van de acuerdo con el destino espiritual que el Padre ha preparado para él desde antes de la fundación del mundo. Esto nos hace entender que los dones que el discípulo recibe le capacitarán para el cumplimiento de su llamado divino. El don y el llamado van juntos. Mientras el discípulo desarrolla y perfecciona los dones que Dios le ha regalado, estará descubriendo su llamado junto con su don funcional:

1 Corintios 12:11,18 – *"Pero todas estas cosas las hace uno y el mismo Espíritu, repartiendo a cada uno en particular como él quiere...Mas ahora Dios ha colocado los miembros cada uno de ellos en el cuerpo, como él quiso."*

Santiago 1: 17,18 – *"Toda buena dádiva y todo don perfecto desciende de lo alto, del Padre de las luces, en el cual no hay mudanza, ni sombra de variación. El, de su voluntad, nos hizo nacer por la palabra de verdad, para que seamos primicias de sus criaturas."*

Efesios 4:8 – *"Por lo cual dice: Subiendo a lo alto, llevó cautiva la cautividad, Y dio dones a los hombres."*

Confirma a través de la iglesia

La última cosa que el discípulo debe hacer, es confirmar sus pensamientos y conclusiones con los líderes espirituales de su iglesia. Él o ella debe preguntarse: ¿Qué piensa mis líderes espirituales sobre mis habilidades? ¿Cuál es la calidad de mi servicio a Dios según, la opinión de mis líderes? La Biblia enseña, que Dios ha plantado líderes en la iglesia para cuidar, guiar y alimentar a los miembros del cuerpo de Jesucristo. Ellos tienen más experiencia que nosotros y pueden compartir e intercambiar pensamientos contigo los cuales, serán de mucha bendición. El discípulo que tiene dificultad sometiéndose a su líder, muestra señales de un discipulado incompleto y desbalanceado. Sin embargo, el consejo y el endorso de sus líderes espirituales impartirán paz, fe y entusiasmo en el creyente. Considera los siguientes pasajes:

Hechos 6:1-7 – *"Agradó la propuesta a toda la multitud; y eligieron a Esteban, varón lleno de fe y del Espíritu Santo, a Felipe, a Prócoro, a Nicanor, a Timón, a Parmenas, y a Nicolás prosélito de Antioquía;* **a los cuales presentaron ante los apóstoles,** *quienes,* **orando, les impusieron las manos."**

Hechos 13:1-3 – *"Ministrando éstos al Señor, y ayunando, dijo el Espíritu Santo: Apartadme a Bernabé y a Saulo para la obra a que los he llamado. Entonces, habiendo ayunado y orado, les impusieron las manos y los despidieron."*

Hebreos 13:17 – *"Obedeced a vuestros pastores, y sujetaos a ellos; porque ellos velan por vuestras almas, como quienes han de dar cuenta; para que lo hagan con alegría, y no quejándose, porque esto no os es provechoso.*

Es mi oración, que este estudio le haya capacitado para procurar ejecutar los dones que Dios ha depositado dentro de ti como discípulo de Jesucristo. Hay mucho trabajo que hacer dentro del Reino de Dios así, que debes hacer todo lo posible para perfeccionar todo lo que Dios te ha dado para ponerlo por obra, con excelencia. Recuerda, que tú eres un siervo de Dios y las personas a las que estás sirviendo, son almas preciosas del Rey Jesús. Debes mantenerte cerca de tus líderes espirituales para aprender, crecer y apoyarles en el cumplimiento de su ministerio. Los que son fieles al ministerio de otros, recibirán de parte de Dios, su propio ministerio un día.

Como iniciar una Academia de Discipulado en su iglesia

Hemos creado la Academia de Discipulado para proveer un recurso que servirá para asistir a los pastores en el proceso de formar a los nuevos creyentes a la imagen y semejanza de Cristo. Hemos simplificado este sistema para que sea fácil de ser implementado en cualquier iglesia (pequeño o grande) con el fin de que el ministerio local puede comenzar a desfrutar de sus frutos lo más antes que sea posible. Los puntos que siguen son vitales para el desarrollo fructífero de su Academia de Discipulado.

El currículo

El primer paso para iniciar una Academia de discipulado en la iglesia local es el de estar familiarizado con el currículo. Si el pastor está muy ocupado en el ministerio, esta tarea puede ser delegada a uno de sus líderes. Nuestro curso de discipulado consiste en cinco niveles de entrenamiento y cada uno tiene una concentración específica para que el discipulo sea adecuadamente preparado en la misma. El currículo consiste en un libro de texto para el maestro (La Academia de Discipulado) y cinco manuales de trabajo para el alumno. Los cinco niveles de entrenamiento son:

La escuela de adorares – el enfoque del primer nivel es de enseñar al creyente como desarrollar una vida espiritual íntima con Jesucristo.

La escuela de evangelismo – el enfoque del segundo nivel es enseñar al creyente cómo compartir el evangelio de Jesucristo con otros.

La escuela de mentoría – en el tercer nivel el creyente es orientado en cómo cuidar y afirmar a las personas que él o ella ha ganado para Cristo

La escuela del ministerio – en el cuatro nivel el discípulo es orientado en como descubrir y desarrollar los dones que

Dios les ha dado con el fin de participar como voluntario en la iglesia local.

La escuela de líderes – en el último nivel enseñamos al creyente a cómo ser un líder en su hogar, en la iglesia y en su comunidad. Al completar los cinco niveles de entrenamiento, estará listo para ser colaborador en la expansión del reino de nuestro señor, trabajando arduamente para el avance de la iglesia local.

El director de la Academia

Después de estar familiarizado con el currículo de la Academia de Discipulado, la próxima tarea es de establecer un director de la Academia. Algunas de las funciones del director son: (1) Dirigir el equipo de liderazgo de la Academia que consiste en un asistente y un secretario/tesorero; (2) supervisar todos los aspectos de la academia;

(3) someter un reporte mensual de la academia al pastor; (4) reunir con los maestros/mentores de la academia una vez al mes para dialogar con ellos sobre su ministerio de discipulado con el fin de inspíralos, apoyarlos y perfeccionarlos; (5) establecer los horarios donde los maestros y alumnos tendrán sus reuniones; (6) organizar el retiro de discipulado (nivel 1); organizar el retiro de líderes (nivel 5). Nombramiento del equipo de líderes de la Academia debe ser bajo la supervisión del pastor local o según los reglamentos de la iglesia.

El asistente al director

El asistente al director de la Academia de Discipulado es responsable por dirigir el equipo de seguimiento de la iglesia local. Este equipo es responsable de registrar y asimilar cada persona que se convierte a Cristo en el ministerio de la iglesia. El asistente constantemente está revisando la lista de registro de nuevos convertidos, con el director, para crear una lista de personas que desean comenzar a estudiar en la Academia de Discipulado. Nombramiento para los miembros del equipo de seguimiento, que dirige el asistente director de la Academia, serán en colaboración del equipo del liderazgo de la Academia y con la aprobación del pastor. El asistente también ayudara al director en todo lo que sea a su alcance.

El secretario/tesorero

El secretario/tesorero de la Academia de Discipulado es un apoyo administrativo y espiritual del líder y su asistente. Parte de sus responsabilidades administrativas son: (1) mantener el registro de los nuevos convertidos de la congregación; (2) colectar las asistencias de cada grupo de discipulado, compiladas por la secretaria del grupo, y archivarlos para el reporte mensual; (3) mantener un registro de las ofrendas de cada grupo y los fondos de la colecta de los libros pagados; (4) ordenar los libros de discipulado asegurando que cada grupo tenga sus libros a tiempo.

Los maestros/mentores

La próxima tarea es de establecer un equipo de maestros/mentores que serán responsable de supervisar la formación espiritual de sus alumnos enseñándole la materia de cada lección en el libro y apoyándoles en sus proyectos. En nuestro sistema, asignamos dos líderes para cada grupo de discipulado desde su inicio y continuaran con ellos hasta que cumplen los cinco niveles de la academia. De esta manera, el discípulo disfrutara de una formación estable y consistente.

Reglamentos de la Academia

Cada lección de estudio de la Academia de Discipulado contiene información práctica y pasajes bíblicos para la edificación del creyente. La mayoría de las lecciones en cada nivel pueden ser ministradas por el maestro/mentor, a sus discípulos, en una hora de clase. Las lecciones que son más extensos deben ser divididos en dos clases (ninguna lección debe ser dividido en tres clases). Si siguen este modelo, el alumno podrá completar la academia en un año y medio. Los reglamentos que siguen deben ser considerados por cada maestro/mentor:

Todo estudiante de la Academia debe completar los cinco niveles de discipulado para poderse graduar.

Todo estudiante debe cumplir con los proyectos de discipulado de cada módulo antes de ser promovidos al próximo nivel (véase a *los proyectos del discípulo*).

Todo estudiante debe completar un mínimo de ocho lecciones en cada nivel para ser promovidos al próximo nivel.

Todo estudiante debe venir completamente preparado a la clase para el estudio (con la Biblia, el libro de texto o el cuaderno, y una libreta de apuntes).

Para los alumnos que están estudiando algún nivel por su cuenta (sin un maestro) y desean recibir de nuestras oficinas un certificado de nuestro ministerio, deberán tomar un examen escrito (provisto por nuestras oficinas) en la presencia de algún oficial de su iglesia.

Toda instrucción o reglamento adicional está a la discreción del maestro.

Los materiales que corresponden a cada nivel están disponibles y pueden ser adquiridos comunicándose con las oficinas de nuestro ministerio al (973) 472-3498 o vía Internet a joaby@aol.com o www.academiadediscipulado.com.

Proyectos del discípulo

Cada nivel de preparación en la Academia de Discipulado viene con la asignación de un proyecto diseñado para la práctica de los principios bíblicos aprendido. En la mayoría de los casos, los maestros/mentores deben de estar presente para supervisar el desarrollo de sus discípulos. Estos proyectos son:

<u>La escuela de adoradores</u> – un retiro espiritual en la iglesia anfitriona con todos los alumnos

<u>La escuela de evangelismo</u> – trabajo personal en las calles, plazas o "mall" de la cuidad

<u>La escuela de mentoría</u> – trabajo personal en los hospitales o asilo de ancianos

<u>La escuela de ministerio</u> – cada alumno debe ser voluntario de uno o varios ministerios de su iglesia local para descubrir donde Dios le está llamando a servir.

<u>La escuela de líderes</u> – cada alumno debe asistir al retiro de líderes en preparación de su graduación. En este retiro, cada alumno compartirá su experiencia de formación con su grupo. La última parte del retiro consistirá en una ceremonia de lavamiento de pies donde el alumno tomara para si un colega, y tomaran turnos para lavar los pies el uno al otro, orando y bendiciendo el uno al otro en el proceso.

El Pacto del Discípulo

Para caminar hacia la madurez en Cristo, y para completar la Academia de Discipulado, me comprometo a:

Leer cada capítulo y completar los autoexámenes al final de cada lección para poder participar de forma activa en la clase.

Reunirme cada semana con el grupo y mi maestro/mentor durante una hora de clase para hablar del contenido de la lección.

Dar todo mi corazón al Señor y abrir mi mente con el fin de iniciar un proceso de discipulado progresivo y seguro.

Participar en la clase con el fin de contribuir a un ambiente saludable y sincero respetando los otros alumnos y al maestro/mentor.

Completar cada proyecto del discipulado antes de continuar al próximo nivel de entrenamiento en la Academia.

Mantenerme conectado con los otros alumnos en mi clase y continuar en la Academia de Discipulado hasta que termine todos los niveles de entrenamiento. Pues solo así, podrá graduarme y ser adecuadamente preparado para servir en la iglesia done soy miembro.

Firma del alumno _____

Firma del maestro _____

Fecha _____

Tarjeta del Nuevo Creyente

Nuevo Convertido(a) al Señor Jesucristo

Fecha: _____

Nombre: _____ Edad: _____

Dirección: _____ Apt. _____

Ciudad: _____ C.P. _____

Hijos (children) _____

Nombre (Name) _____ Edad (Age) _____

Nombre (Name) _____ Edad (Age) _____

Nombre (Name) _____ Edad (Age) _____

Invitado por (Invited by) _____

de Teléfono/Telephone: _____

de Celular (Cell phone): _____

Correo Electrónico/Email: _____

Caballero/Male _____ Dama/Female _____

Niño/Child **F**_____ **M** _____ Joven/Youth **F**_____ **M** _____

Escriba su Petición Atrás

Reporte de Seguimiento

Fecha: _____

Nombre	Telefono	Correo electronico	Dias disponible	Comentarios

Reporte Mensual de la Academia

Fecha: _____

Maestro	Nivel	# de alumnos registradas	# alumnos aucente	Libros	Cantidad colectada	Dueda de libros

Autoexámenes

¿Qué significa la palabra ministerio?

_____

_____

Según la información de esta lección, las tres llaves de un servicio de calidad son:

_____

_____

¿Cuál es la importancia o valor de conocer la visión de su líder espiritual?

_____

_____

Explique la importancia de trabajar en unidad.

_____

_____

Explique cómo tú puedes colaborar con la misión de la iglesia que perteneces.

_____

Autoexamen #2

¿Qué significa ser parte del cuerpo de Cristo?

¿Qué significa ser la novia de Cristo?

¿Qué significa tener una relación espiritual íntima con Jesús?

¿Qué significa ser el templo del Espíritu Santo?

¿Por qué debemos cuidar nuestros cuerpos en santidad?

Autoexamen #3

¿Qué significa ser ministros del reino de Dios?

_____

_____

Según Mateo 16:13-19, ¿Cómo es que el ser humano puede ser salvo?

_____

_____

Según nuestra lección, ¿qué significa "sobre esta roca edificare mi iglesia"?

_____

_____

¿Qué significa la palabra "impartición"?

_____

_____

Según nuestra lección, ¿qué significa "y a ti te daré las llaves del reino de los cielos"?

_____

_____

Autoexamen #4

¿Cuál es el enfoque dúo de la iglesia?

_____

_____

_____

_____

¿Qué significa adorar a Dios en espíritu y en verdad?

_____

_____

_____

_____

Explique lo que es el llamado evangelístico de la iglesia.

_____

_____

_____

_____

Explique lo que es el ministerio misionero de la iglesia.

_____

_____

_____

_____

Explique la importancia del ministerio de discipulado en la iglesia.

_____

_____

_____

_____

Explique la necesidad del compañerismo en la iglesia.

_____

_____

_____

_____

Autoexamen #5

¿Cuál es el valor de entender que Jesús es el rey del reino de los cielos?

_____

_____

¿Qué significa ser un administrador del reino de los cielos?

_____

_____

Explique lo que es un talento.

_____

_____

Explique como un discípulo debe multiplicar los talentos que Dios le ha dado.

_____

_____

¿Qué impacto debe tener en el discípulo el hecho que será juzgado por Cristo?

_____

_____

Autoexamen #6

Según esta lección, ¿qué son los dones espirituales?

_____

_____

_____

_____

Según esta lección, ¿qué son los dones serviciales?

_____

_____

_____

_____

Según esta lección, ¿Cuáles son los dones ministeriales?

_____

_____

_____

_____

Explique cuál es el don mayor y porque es importante en la vida del discípulo.

¿Qué significa el dicho bíblico "los dones de Dios son irrevocables"?

Explique cómo los dones deben ser probadas.

Autoexamen #7

¿Cuál es el don de fe?

¿Cuál es el don de sanidad?

¿Cuál es el don de milagros?

¿Cuál es el don de la profecía?

_____

_____

_____

_____

¿Cuál es el don de discernimiento?

_____

_____

_____

_____

Autoexamen #8

¿Cuál es la función de los diáconos en la iglesia?

_____

_____

_____

_____

¿Cuál es la función del administrador de la iglesia?

_____

_____

_____

_____

¿Cuál es la función del exhortador en la iglesia?

_____

_____

_____

_____

¿Cuál es la función del ayudador en la iglesia?

¿Cuál es la función del confortador en la iglesia?

Autoexamen #9

¿Cuáles son los apóstoles originales en la biblia?

_____
_____
_____

¿Cuál es la función de un profeta?

_____
_____
_____
_____

¿Cuál es la función de un evangelista?

_____
_____
_____
_____

Autoexámenes

¿Cuál es la función de un pastor?

_____

_____

_____

_____

¿Cuál es la función de un maestro?

_____

_____

_____

_____

Autoexamen #10

Explique como un discípulo puede identificar su don funcional.

_____
_____
_____
_____

Explique como un discípulo debe desarrollar sus dones.

_____
_____
_____
_____

¿Qué significa "andar en el Espíritu?"

_____
_____
_____
_____

Autoexámenes

Explique en qué manera el discípulo debe someterse a los procesos de Dios y por qué.

_____

_____

_____

_____

En que manera puede la iglesia confirmar los dones de un discípulo.

_____

_____

_____

_____

Bibliografía

Ralph Earl. *How we got our Bible*. Kansas City: Beacon Hill Press, 1992.

Frederick C. Mish, Editor in Chief. *The Merriam-Webster Dictionary*.

Springfield: Merriam-Webster publishers, 1989.

Earl D. Radmacher, General Editor. *The Nelson Study Bible, NKJV*.

Nashville: Thomas Nelson Publishers, 1997.

Frank Charles Thompson. *Biblia de Referencia Thompson, R.V.*

1960. Miami: Editorial Vida, 1983.

Dios Habla Hoy. España: Sociedades Bíblicas Unidas, 1996.

W.E. Vine. *Vine Diccionario Exhaustivo*. Nashville: Editorial Caribe, 1999.

James Strong. *Nueva Concordancia Strong Exhaustiva*. Nashville:

Editorial Caribe, 2002.

Matthew Henry. *Matthew Henry's Commentary on the Whole Bible*.

Peabody: Hendrickson Publishers, 1997.

Alfred Thomas Eade. *Estudio Bíblico de la Nueva Panorama*. El Paso: Editorial Mundo Hispano, 2001.

S. Leticia Calcada. *Diccionario Bíblico ilustrado Holman*. Nashville:

B&H Publishing Group, 2008.

Webster's New American Dictionary. New York: Books Inc., 1947

Recursos de la Academia

de Discipulado

   Nivel 1   Nivel 2   Nivel 3   Nivel 4   Nivel 5

Para más información:

Joseph Anthony Andino

15 Grove Street

Passaic, New Jersey 07055

Joaby@aol.com

www.academiadediscipulado.com

973-472-3498

www.ingramcontent.com/pod-product-compliance
Lightning Source LLC
Chambersburg PA
CBHW071209070526
44584CB00019B/2977